Nachtschicht

Jane Hunt

1.Auflage

Nachtschicht von Jane Hunt
Herstellung und Druck:
Siehe Eindruck auf der letzten Seite
Covergestaltung: Nadine Merkel

ISBN: 1494848600
ISBN-13: 978-1494848606

Das Schicksal veränderte ihr Leben
Ein Anruf veränderte ihr Schicksal

1.

Obwohl Dana Wolf zum ersten Mal seit vielen Wochen ihren Arbeitsplatz betrat, fühlte sich doch gleich alles wieder vertraut an. Natürlich spürte sie die Blicke ihrer Kollegen in ihrem Rücken. Aber damit hatte sie gerechnet. Dass es für keinen einfach werden würde, war von vorn herein klar. Ein Blick durch den hell erleuchteten Raum zeigte ihr, dass alle ihre Kollegen gerade in einem Telefongespräch gebunden waren. Das würde ihr Zeit geben, sich erst wieder einzufinden.

Sie stellte ihre Tasche neben sich auf dem Boden ab und ließ sich in den großen Bürostuhl gleiten. Ihre Finger streiften über die Tastatur ihres Rechners. Danas Blick schweifte über die fünf Monitore, die vor ihr standen. Sie nahm ihr Headset aus der Ladestation und stellte die Verbindung zum Rechner her.

Nun, sie war bereit, wieder etwas Alltag in ihr Leben kommen zu lassen. Zumindest versuchte sie sich das einzureden, seit vor einigen Tagen ihr Chef bei ihr vor der Tür stand und sie auf den Boden der Tatsachen zurückholte. Klar, ging das Leben weiter, irgendwie, irgendwann, nur, dass eben keiner einem vorhersagen konnte, wie schwer einem das Schicksal mitspielen konnte.

Dana wischte sich ihre feuchten Hände an ihrer

Hose ab und ließ ihren Blick weiter durch den großen, mit hellen Neonröhren beleuchteten, Raum gleiten. Sie sah die drei anderen Arbeitsplätze, an denen ihre Kollegen saßen. Die Arbeitsplätze waren kreisförmig angeordnet, so dass jeder mit jedem über die Monitore hinweg Blickkontakt halten konnte. Sie sah lauter vertraute Gesichter und doch hing über jedem einzelnen ein Hauch von Fremde. Vielleicht war es einfach auch nur Unsicherheit. Dana wusste, sie hatte in den letzten Wochen jeglichen Kontakt zu ihren Freunden und Kollegen gemieden. Sie konnte also wohl kaum erwarten, dass alles wieder so war wie vorher. Nein, nichts würde je wieder so sein. Nun, jetzt war sie jedenfalls wieder da. Zwar nur für eine halbe Nacht, zum eingewöhnen, hatte ihr Chef vorgeschlagen, als er ihr gegenüber auf dem Sofa gesessen hatte. Doch das spielte keine Rolle, sie war hier und sie spürte, dass es tatsächlich Zeit gewesen war, diesen Schritt zu tun.

Es tröstete Dana gewissermaßen, dass hier, an ihrem Arbeitsplatz, alles unverändert war. Die überquellenden Mülleimer genauso wie das stetige Blubbern der Wasserleitungen. Die Beleuchtung sollte den Biorhythmus darüber hinwegtäuschen, dass es draußen dunkle Nacht und es eigentlich Zeit zum Schlafen war. Aber geschlafen hatte Dana die letzten Wochen so gut wie gar nicht mehr. Von daher war es vielleicht gar nicht so übel, für eine Nacht, die man ohne Albträume verbringen durfte, auch noch bezahlt zu werden. Außerdem liebte sie ihre Nachtschichten. So hart sie für den Körper waren, so beruhigend waren sie für sie selbst.

Das schrille Hupen eines eingehenden Anrufes holte Dana aus ihren Gedanken zurück. Ihre Kollegen waren alle noch in ihren Gesprächen gebunden. Sie rückte ihren Stuhl zurecht, nun war sie an der Reihe.

„Notruf der Rettungsleitstelle“, meldete sie sich automatisch. Ihre Finger glitten über die Tastatur, während sie den Anruf protokollierte. Eine Personengruppe steckte in einem Fahrstuhl fest, nichts Aufregendes. Dana musste den Anrufer nicht einmal beruhigen. In dem Fahrstuhl schien eher Partystimmung zu herrschen, was vielleicht auch daran lag, dass ein Pizzabote ebenfalls unter den festsitzenden Personen war. Routiniert schickte Dana ein Fahrzeug, dessen Besatzung sich um die Personen kümmern würde.

Nachdem der Notruf getrennt war, lehnte Dana sich zurück. Wieder spürte sie die Blicke ihrer Kollegen auf sich. Mit einem Lächeln quittierte sie die Blicke und plötzlich war es, als wäre allen eine tonnenschwere Last von den Schultern genommen. Ohne darüber nachzudenken, stand Dana auf und ging zu ihren Kollegen, nein, sie ging zu ihren Freunden. Sie begrüßte Christian, Stefan und Johann. Kurz kam es ihr vor als wäre sie aus dem Urlaub zurückgekommen. Aber, sie wusste es besser.

Die nächsten Stunden vergingen schleppend, es

war nur wenig zu tun. Es wurde Mitternacht und Dana beobachtete gerade den Sekundenzeiger der großen Wanduhr, der offensichtlich ebenfalls müde zu werden schien, als sich ihr Magen lautstark zu Wort meldete.

„Hast du noch nichts gegessen?“, wollte Johann, der älteste ihrer Kollegen, wissen.

Dana schaute zu ihm rüber, sah sein weißes, wirres Haar, das in sämtlichen Richtungen von seinem Kopf abstand und die tiefen Lachfalten, die um seine Augen lagen. Johann war von allen am längsten bei der Truppe. In all den Jahren, die Dana nun schon mit ihm zusammen arbeitete, hatte sie ihn nie über irgendetwas schimpfen hören. Weder über die Arbeitsbedingungen noch über die Bezahlung oder gar seine Ehefrau. Johann war der zufriedenste Mensch, den Dana kannte, sie war stolz, ihn als Schichtleiter zu haben.

„Ich habe einen Apfel dabei“, antwortete sie auf Johanns Frage.

„Na, mit so einer reichhaltigen Mahlzeit wirst du dich ja Wochen lang über Wasser halten können“, flachste Johann.

Schuldbewusst zuckte Dana mit den Schultern, sie hatte in der Tat vergessen, wie hungrig eine Nachtschicht machen konnte. Als sie ihren Apfel aus der Tasche holte, fing ihr Magen erneut an zu knurren.

Schon klar, fall du mir ruhig noch in den Rücken, dachte sie und hielt sich den Bauch.

Ehe sie sich versah, lagen ein belegtes Brot,

Kekse und Schokolade auf ihrem Schreibtisch.

Gott, wie hab ich sie doch vermisst, bemerkte Dana, je länger ihre Schicht dauerte. Da nun alle ihr Essen auspackten, schob auch Dana ihr Mikrofon beiseite, rollte ihren Stuhl zurück und legte ihre Füße auf den vollen Mülleimer. Genüsslich aß sie zuerst das Brot, als dies noch nicht reichte, verputzte sie auch noch die Kekse, die Schokolade und den Apfel. Als alles aufgegessen war, staunte sie nicht schlecht, soviel hatte sie in der Tat in den letzten Tagen wenn nicht gar Wochen nicht gegessen.

Wieder schrillte die Notrufleitung.

„Deiner!“, schmatze Johann, der seinen Mund noch voll hatte und zeigte auf Dana. Christian und Stefan standen an der Kaffeemaschine so, blieb tatsächlich nur sie. Schnell schluckte sie ihren letzten Bissen hinunter. Dann zog Dana ihr Mikrofon vor den Mund und nahm den Anruf entgegen.

„Notruf der Rettungsleitstelle“, meldete sie sich und zog ihre Tastatur etwas näher zu sich heran. Zunächst konnte sie nur Atemgeräusche hören.

„Hier ist die Rettungsleitstelle, was ist passiert?“ Dana konnte noch nicht einschätzen, ob es sich um einen Scherz oder einen Ernstfall handelte, das war das wirklich Schwierige in ihrem Job.

„Ich … bin … verletzt“, keuchte der Anrufer in der Leitung.

Dana zuckte zunächst zusammen, da der Anrufer englisch sprach. Sie spürte, wie sich Adrenalin in ihrem Körper ausbreitete. Schnell gab sie Johann ein Handzeichen, der sich nun ebenfalls in den Notruf einklinkte. In so einem Fall waren vier Ohren sicher besser, dachte sie sich.

„Wo sind Sie?“, krampfhaft versuchte sie, ihre Englischkenntnisse zu aktivieren.

„Ich weiß es nicht.“

Dana schaute auf ihren Monitor, der Anruf kam mit einer ausländischen Rufnummer herein. Kein Fake, dieser Mann brauchte Hilfe.

„Wie stark sind Sie verletzt?“, wollte Dana wissen.

„Da ist so viel Blut an meinem Bauch“, stöhnte der Anrufer.

„Halten Sie durch, wir werden Sie finden.“

Dana schaute zu Johann, der bereits mit der Polizei telefonierte, um das Handy des Anrufers orten zu lassen. Jetzt würden qualvolle Minuten, wenn nicht gar Stunden vergehen. Zeit, die sie nicht hatten. Sie konnte nur hoffen, dass ein flexibler Richter in dieser Nacht Bereitschaftsdienst hatte.

„Was sehen Sie, wenn Sie sich umschauen?“, fragte Dana in der Hoffnung, die Position des Verletzten doch noch herauszubekommen.

„Hier ist eine große Wiese und weiter weg sehe ich Wald.“

Das brachte sie nicht wirklich weiter, Dana wusste jetzt nur, dass er sich nicht in der Stadt befand, was die Sache jedoch nicht einfacher machte.

„Sehen Sie irgendwelche Gebäude?“, versuchte sie es erneut.

„Nein, der Mond wird immer wieder von Wolken verdeckt, hier ist alles schwarz."

Dana konnte förmlich den Schmerz spüren, den der Anrufer litt. Ihr war jedoch klar, dass sie ihn ohne die Hilfe der Polizei nicht finden konnte. Also musste sie ihre Bemühungen darauf setzten, ihn ansprechbar zu halten. Die Nacht war zwar noch nicht allzu kalt, der Sommer war aber schlicht vorbei und eine verletzte Person, die dazu unter Schock stand, kühlte einfach schneller aus.

„Wie heißen Sie?", fragte Dana im Plauderton, obwohl sie sich ganz anders fühlte.

„Ju-Julian."

„Schön Julian, ich heiße Dana."

Zu gerne hätte sie ihm gesagt, dass alles gut werden würde. Aber sie wusste selbst nur zu genau, dass eben nicht immer alles gut wird. Da Julian nicht antwortete, versuchte Dana krampfhaft ihren Monolog am Laufen zu halten. Himmel, sie hatte schon unzählige Anrufe von Menschen, die sich umbringen wollten oder schwer verletzt waren, entgegengenommen. Immer war es ihr bislang geglückt, diese Menschen solange am Telefon zu beruhigen, bis ihre Kollegen und die Polizei eingetroffen waren. Es konnte doch nicht so schwer sein, sich mit diesem verletzten Menschen zu unterhalten!

„Woher kommen Sie?"

„Aus New Haven, Connecticut."

„Das ist weit weg von hier, was führt Sie hier her?"

Dana hörte wieder nur das schwere Atmen in der

Leitung, sie wusste, Julian versuchte, seine Schmerzen zu ignorieren, schaffte es aber nicht.

„Ich … ich hatte geschäftlich … hier … zu tun."

Was sollte Dana noch groß fragen? Wie lange er noch hier bleiben will? Ob die Geschäfte erfolgreich waren? Was für eine Phrase.

„Können Sie sich noch an den Verlauf des Abends erinnern?", wenigstens würde sie mit Fragen dieser Art der Polizei behilflich sein können.

„Wir waren essen … die Verhandlungen waren beendet …"

Dana wartete noch kurz, als Julian jedoch nichts mehr sagte, hakte sie nach: „Mit wem waren Sie beim Essen?"

„Luke", Julians Stimme wurde schwächer.

„Julian, nicht einschlafen, ich muss hier noch vier Stunden arbeiten. Ich finde es nur fair, wenn Sie in dieser Zeit auch wach bleiben und mir Gesellschaft leisten, hören Sie?", Danas Stimme war fest und laut, auch wenn sie am liebsten zur Tür hinausgerannt wäre, einfach rennen, und nie wieder anhalten, dachte sie.

„Wer ist Luke? Ist das ein Freund?"

„… leitender Angestellter …"

„Wo ist Luke jetzt? Sind Sie sicher, dass er nicht in Ihrer Nähe ist?"

Dana konnte förmlich spüren, wie er seine Kräfte mobilisieren musste, um sich umsehen zu können. Hoffentlich verlangte sie nicht zu viel von ihm.

„… zu dunkel …"

„Kein Problem, wir haben Sie bald gefunden.

Achten Sie darauf, dass Sie ihre Hand, so fest es geht auf die Blutung drücken."

Ein Bick zu Johann sagte ihr, dass dieser noch keine Antwort hatte. Verzweifelt schaute sie auf die Uhr an ihrem Rechner. Verdammt, der Notruf dauerte jetzt schon fast neun Minuten. Sie wusste, dass sämtliche Rettungskräfte in Hab-acht-Stellung standen. Aber was brachte dass, wenn sie nicht wussten, wohin sie sollten?

„... kalt ..."

Dana hörte das leise Wort ganz leise. Die Leitung knisterte. Die Verbindung würde doch nicht abbrechen? fragte sich Dana und spürte, wie ein Schweißtropfen an ihrem Rücken hinabrann.

„Julian, es ist nicht kalt draußen, es kommt Ihnen nur so vor. Machen Sie doch eine kleine Reise mit mir. Stellen Sie sich vor, wir liegen beide an einem Sandstrand. Das Meer vor uns rauscht. Der Sand ist gerade so angenehm warm, dass man sich einfach so hineinlegen kann. Große Palmen spenden Schatten, von irgendwoher trägt der Wind eine leise Musik."

„Gibt es auch Eis und Cocktails an diesem Strand?", keuchte Julian.

Dana freute sich, er schien ihr zuzuhören.

„Brauchen Sie das?", fragte Dana.

„Ich würde Sie gerne dazu einladen."

„Ah, ich verstehe, Sie bevorzugen dicke Frauen."

Dana hörte, wie Julian lachte, dann aber sofort zu husten begann und vor Schmerz stöhnte.

„Also das war wohl zu viel für Ihre Fantasie, ich

sehe schon, Sie sind ein Mann mit schwachen Nerven. Wir müssen uns also etwas anderes ausdenken. Könnte Sie ein Kloster aufwärmen? Nein, wohl nicht, wenn ich an die kalten Mauern denke, fange ich selbst an zu frieren."

Plötzlich hörte sie, wie Johanns Stuhl verschoben wurde, sie blickte auf, und sah, wie er den Daumen in die Luft streckte. Doch wusste sie noch nicht, ob sie erst die Genehmigung zur Ortung hatten oder schon den Standort des Handys. Sie sah im Einsatzprotokoll nach. Ihr Blick erfasste die langen Zahlenreihen die der Monitor direkt vor ihr zeigte – Längengrad und Breitengrad – Zahlen, die nun verschwammen, da ihre Tränen ihre Sicht trübten. Sie konnte noch erkennen, dass der Radius des georteten Mobiltelefons etwas mehr als vierhundert Meter betrug. Das war nicht viel, das wusste sie. Es konnte aber in der dunklen Nacht auf offenem Feld zu viel bedeuten. Sie konnte nur hoffen, dass der Hubschrauber die Örtlichkeit schnell erreichen würde. Dana wusste, die Piloten vollbrachten wahre Wunder mit ihren Helis. Sie würden mit ihrem Suchscheinwerfer die Nacht zum Tag ausleuchten.

„Julian", sagte Dana mit erstickter Stimme, „wir haben Sie gefunden, Hilfe ist unterwegs."

Doch noch immer konnte sie ihm nicht sagen, dass alles gut werden würde. Denn der zweite Monitor zeigte ihr den Standort von Julian und der lag einige Kilometer außerhalb der Stadt. Sie sah, dass der Rettungshubschrauber bereits startete, sie wusste aber nach wie vor nicht, wie viel Blut Julian verloren hatte. Nur zu gut wusste sie, dass es nur eine niedrige Schwelle zwischen Hier und Dort gab.

„... gut ...“, antwortete Julian.

„Ich bleibe noch bei Ihnen in der Leitung, bis Sie versorgt werden können. Immerhin ist meine Schicht noch immer nicht zu Ende. Außerdem beneide ich Sie auch etwas, da Sie unter freiem Himmel liegen und die Sterne sehen können, von denen es da draußen sicher unzählige gibt, während ich hier an einem muffigen Arbeitsplatz sitzen muss.“

„Nächstes Mal ... nehme ich ... Sie mit, ... versprochen.“

„Ich hoffe, Sie halten Ihr Wort“, ließ sich Dana auf den Scherz ein.

Auf ihrem Monitor verfolgte sie per GPS Verbindung, wie weit der Krankenwagen und der Notarzt von der Einsatzstelle entfernt waren. Sie beobachtete die Punkte, die sich langsam aber stetig dem Zielpunkt näherten. Über die Telefonverbindung konnte sie im Hintergrund leise die Geräusche der Rotoren des Hubschraubers hören. Wieder einmal war sie dankbar in einer großen Stadt zu leben wo die Anfahrtswege einfach kurz waren. Zusätzlich hörte sie die unzähligen Martinshörner der Einsatzfahrzeuge. Als sie die ersten Stimmen hörte, die Julian ansprachen, sagte sie zu ihm: „Halten Sie durch, wir sehen uns.“

Mit einem Mausklick trennte sie die Notrufleitung.

Dana ließ ihren Kopf in ihre Arme auf den Schreibtisch sinken. Sie spürte, wie jemand ihre Schultern drückte. Langsam sah sie auf. Ihre Kollegen standen um sie herum.

„Du warst gut, Kleine, ich wusste gar nicht, dass du so gut englisch sprichst", zog Christian sie auf.

„Ich auch nicht, aber Not macht wohl erfinderisch." Dana versuchte ein scheues Lächeln, das ihr aber nicht so recht gelingen wollte.

„Dana, für deinen ersten Arbeitstag nach so langer Zeit, hast du viel erlebt und gemeistert. Ich denke es ist in Ordnung, wenn du nach Hause fährst und dich richtig ausschläfst, wir sehen uns dann heute Nacht wieder", riet ihr Johann.

Obwohl Dana wusste, dass dies keinesfalls ein Rauswurf war, war sie sich nicht sicher, wie sie sich verhalten sollte. Es stimmte schon, der letzte Einsatz hatte einiges von ihr abverlangt. Sie war in der Tat völlig gerädert. In den Augen ihrer Kollegen fand sie ebenfalls nur Verständnis. Schließlich nickte sie und packte ihre Tasche zusammen.

Dana war schon fast an der Tür, da rief Stefan ihr zu: „He, Rotschopf, vergiss morgen Abend dein Essen nicht!"

Lächelnd verließ Dana die Zentrale. Sie lief langsam zu ihrem Auto. Ihr Arme gegen das Dach des Fahrzeugs gelehnt, blickte sie in den Himmel hinauf. Keine Sterne. Natürlich nicht. Sie war hier in der Stadt. Hier konnte man keine Sterne sehen.

Schließlich fuhr sie langsam nach Hause. Noch etwas, dass sich geändert hatte. Früher unterlag sie regelmäßig der Versuchung etwas schneller als am Vortag nach Hause zu kommen. Das hatte sie sich abgewöhnt. Zwei Gründe hatten ihr dabei geholfen. Erstens hatte sie niemanden mehr, der zu Hause auf sie wartete, und zweitens wusste sie wie zerbrechlich ein Menschenleben war.

..Das hatte sie gerade erst wieder hautnah zu spüren bekommen. Erst jetzt, da sie ihren Gedanken freien Lauf lassen konnte, wurde ihr bewusst, wie nah sie dran war, erneut einen Menschen zu verlieren. Einen Menschen, den sie zwar gar nicht kannte, der ihr aber über siebzehn Minuten lang näher gestanden hatte als irgendein Mensch in den letzten Wochen.

Müde schloss Dana ihre Haustür auf. Waren die zwanzig Kilometer von ihrem Wohnort zu ihrer Arbeitsstelle schon immer so lange gewesen? Sie konnte sich nicht entsinnen. Während sie ihre Stiefel abstreifte sah sie sich im Spiegel, der neben der Garderobe hing. Sie sah ihre gelockten, dunklen Haare, mit dem leichten Rotstich, die grauen Augen, die immer so müde aussahen, nein nicht immer, erst seit wenigen Wochen. Dana wandte sich ihrem Spiegelbild ab und ging mit schweren Beinen in ihr Schlafzimmer, dass lediglich mit einem einfachen Bett und einem Kleiderschrank ausgestattet war. Die Wände waren kahl, der Teppich am Boden billigste Auslegeware. Sie machte sich nicht einmal mehr die Mühe sich auszuziehen, stattdessen ließ sie sich einfach auf das Bett fallen. Nur zu gut wusste Dana, dass ihr nur wenig Zeit zum Schlafen blieb, bis der nächste Albtraum sie wieder aus dem Schlaf reißen würde.

2.

Dana war bereits fertig geduscht und angezogen, noch bevor die Sonne wieder aufgegangen war. Gerade mal zwei Stunden hatte sie schlafen können. Während sie in der Küche saß und an ihrem Kaffee nippte, überlegte sie, was sie tun sollte. Ihr Blick fiel auf die beiden rosafarbenden Kindertässchen, auf denen eine kleine Prinzessin ihren Zauberstab schwang. Darunter standen die Namen *Elena* und *Melina*. Dana versuchte mehrfach zu schlucken, dennoch konnte sie ihre Tränen nicht zurückhalten, würde es wohl nie können. Eine so große Wut packte sie, dass sie am liebsten beide Tassen gegen die Wand geschleudert hätte, die Tassen so zerstört wie das Leben ihrer Mädchen. Einfach weg. Fort. Für immer.

Dana ging aus der Küche und rief auf der Leitstelle an. Sie ließ sich das Krankenhaus nennen, in dem Julian lag und außerdem seinen vollständigen Namen.

Sie wusste, sie musste sich jetzt mit den Lebenden befassen, sonst würde sie erneut in das tiefe, schwarze Loch fallen, aus dem sie sich erst vor wenigen Stunden heraus befreit zu haben glaubte. Dennoch nahm sie sich die Zeit und hielt auf dem Friedhof an. Zeit, die sie sich jeden Tag nahm. An jedem einzelnen, neuen, verfluchten, langen Tag.

An der Pforte des Krankenhauses wurde ihr die Station genannt. Zusätzlich bekam sie einen Wegweiser ausgehändigt, damit sie sich nicht verlaufe, wie ihr der Pförtner augenzwinkernd sagte. Sie war nicht Flirtlaune. Sie verstand auch nicht, wie jemand, der tagtäglich mit vom Schicksal geplagten Menschen zu tun hatte, so wenig Einfühlungsvermögen zeigen konnte.

Schnell ging Dana in die Richtung, die ihr genannt worden war. Die Luft, die sie einatmete, wurde mit jedem Schritt, den sie tiefer in das Gebäude ging, schwerer, roch stärker nach Desinfektionsmitteln. Sie beschleunigte ihre Schritte, kam in den ihr genannten Flügel des Krankenhauses, sie fand die Fahrstühle und drückte auf den Knopf. Ihr Blick fiel auf die Anzeige über der Aufzugstür. Sie verfolgte, wie die Zahlen sich veränderten als der Fahrstuhl nach unten fuhr. Plötzlich fragte sie sich, was sie hier eigentlich tat. War sie noch ganz bei Sinnen? fragte sich Dana. Wie konnte sie einfach so in ein Krankenhaus fahren und einen wildfremden Menschen besuchen? Schnell drehte sie sich um, wollte den Flur wieder zurückrennen, hinaus auf den Parkplatz. Hinter ihr öffnete sich die Tür mit einem leisen Klingelton. Über ihre Schulter schaute Dana in den leeren Fahrstuhl. Sie wusste nicht, was sie tun sollte. Erneut drehte sie sich wieder zum Fahrstuhl. Als die Tür langsam wieder zuglitt, machte sie einen großen Schritt hinein. Unschlüssig stand sie nun in der Kabine. Sie sah die Knöpfe für die verschiedenen Etagen, die Beschriftung der unterschiedlichen Stationen. Langsam schloss sich die Tür wieder. An der andern Wand sah Dana ihr Spiegelbild im trüben Glas des Spiegels. Sie sah ihre müden Augen, ihre blasse Haut. Sie sollte einfach wieder aussteigen, beschloss sie und drückte auf die Taste, die die Fahrstuhltür öffnete. Die Tür glitt auf und Dana sah in den leeren Flur. Doch noch immer rührte sie sich nicht. Dann drückte sie den Knopf, der sie auf die Intensivstation bringen würde. Die Tür schloss sich wieder und Dana fuhr mit dem Fahrstuhl in die dritte Etage. Unvermittelt musste sie an die Personengruppe denken, die in der Nacht zuvor in irgendeinem Fahrstuhl stecken geblieben war. Unglaublich, dass das alles nur so kurze Zeit zurücklag. Es kam ihr vor, wie eine Erinnerung aus einem anderen Leben.

Das Ankündigen der nächsten Etage holte Dana wieder aus ihren Gedanken. Sie stellte fest, dass sie schon aussteigen musste. Kurz bevor sich die Türen wieder schlossen, huschte sie aus dem Fahrstuhl.

An der Anmeldung zur Intensivstation nannte sie der Schwester den Namen des Patienten, zu dem sie wollte.

„Nur Angehörige haben Zutritt“, rasselte diese herunter, ohne Dana eines Blickes zu würdigen.

Mist, daran hätte sie auch denken können, schimpfte sie sich selbst. Spontan sagte sie zu der Schwester: „Ich bin seine Frau."
Der Kopf der Schwester fuhr in die Höhe. Eine leichte Röte überzog ihre Wangen. Ein Schild an ihrem Kittel wies sie als Schwester Angelika aus.

„Entschuldigung, das konnte ich nicht wissen. Ihr Mann ist noch nicht wieder bei Bewusstsein, ich werde eine Schwester holen, die sie zu ihm führt."

„Danke", war alles was Dana erwidern konnte, zu schlecht war ihr Gewissen. Was tat sie hier eigentlich?

Kurze Zeit später öffnete sich die Automatiktür und eine Krankenschwester kam aus dem Intensivbereich zu Dana.

„Guten Tag, ich bin Schwester Hannah, ich bringe Sie zu Ihrem Mann."

Wieder konnte Dana nur nicken und ein leises Danke flüstern.

Zunächst lief Dana hinter der Schwester her, deren Schuhsolen auf dem Plastikboden leise, schmatzende Geräusche verursachten. Vor einem Fenster blieb die Frau stehen. Erst jetzt fiel Dana auf, wie jung sie war und dass sie ganz in grün gekleidet war. Ihr wurde bewusst, dass sie noch nie zuvor auf einer Intensivstation war. Nicht einmal das war ihr vergönnt gewesen. Es war sofort und unwiederbringlich zu Ende gewesen. Sie versuchte, den Gedanken abzuschütteln und schaute durch das Fenster.

„Oh mein Gott", entfuhr es ihr. Mit beiden Händen

gegen die Scheibe gelehnt, versuchte sie ihr Gleichgewicht wiederzufinden. Dana war schwarz vor Augen. Sie war auf diesen Anblick nicht vorbereitet. In dem Bett vor ihr lag ein Mensch, der derart in Verbandmull gehüllt war, dass er mehr einer Mumie, denn einem lebenden Wesen, glich. Überall ragten Schläuche aus seinem Körper heraus. Maschinen um ihn herum zeigten seine Vitalfunktionen an, doch Dana gelang es nicht, aus ihnen schlau zu werden, so vernebelt war ihr Verstand.

Dana spürte die kräftigen Arme der Schwester, die versuchte, ihr zusätzlichen Halt zu geben.

„Es sieht wahrscheinlich sehr schlimm aus, wie Ihr Mann so da liegt, aber er hat die Operation gut überstanden. Er hat sehr viele Blutkonserven gebraucht und wird noch einige Zeit hierbleiben müssen, aber er ist ein Kämpfer. Obwohl Sie das ja sicher selbst wissen."

Dana konnte nicht antworten, ihr Blick war noch immer auf den Mann vor ihr fixiert.

„Ich bringe Sie jetzt zu ihm hinein. Sprechen Sie mit ihm, das wird ihm guttun."

Vorsichtig führte die Schwester Dana in das Zimmer. Dana blieb vor dem Bett stehen. Dann sah sie, dass Hannah ihr einen Stuhl an das Bett heranzog. Mechanisch setzte sie sich darauf.

„Ich lasse Sie jetzt alleine, wenn Sie etwas brauchen, drücken Sie einfach den Schwesternruf. Es kommt dann jemand zu Ihnen."

Dana hörte, wie die Tür leise geschlossen wurde.

„Hi Julian, ich bin es, Dana“, ihre Stimme war brüchig, ihre Kehle staubtrocken. Dana versuchte sich zu räuspern, es gelang ihr aber nicht. Vorsichtig tastete sie nach der Hand, die neben ihr auf der glattgestrichenen Krankenhausdecke lag. Ärger keimte in Dana auf. Warum mussten diese Bezüge in sterilem Weiß sein? Sollten die Angehörigen gleich sehen, in welch erbärmlichen Zustand sich ihre Lieben befanden? Julian wirkte so blass in den Laken. Sachte streichelte Dana Julians Hand. Es war eine kräftige Hand, stellte sie fest. Die Nägel waren sehr gepflegt.

„Eigentlich dachte ich, unser erstes Zusammentreffen findet irgendwo bei Mondschein statt. Aber ich muss gestehen, ich bin ein ungeduldiger Mensch. Ich wollte nicht warten, bis du anrufst. Hättest du überhaupt angerufen? Nein, hättest du sicher nicht“, Dana wusste, dass sie Unsinn redete, aber ihr tat es gut und Julian schadete es vermutlich nicht.

„Ich weiß selbst nicht genau, warum ich dich sehen musste, aber ich musste einfach. Wenn du also willst, dass ich wieder abhaue, musst du mir das schon selbst sagen.“

Dana fiel ein, dass er kein Wort verstehen würde, selbst wenn er sie hören konnte, denn ganz automatisch sprach sie in ihrer Muttersprache zu ihm und nicht in seiner. Sie wusste, sie würde sich komisch vorkommen, aber dennoch wechselte sie in die, ihr eher unvertraute, Sprache des Mannes, der vor ihr lag. Er würde sie schon nicht auslachen, jedenfalls nicht sofort, soviel war sicher.

Dana blieb bis kurz vor Beginn ihrer Nachtschicht. Sie würde sich beeilen müssen. Vorsichtig strich sie nochmals über Julians Hand, dann beugte sie sich zu ihm hinab und hauchte einen Kuss auf seine Wange. Die Stirn lag unter einem dicken Verband verborgen genauer reichte der Verband bis über die Augenbrauen. Offensichtlich hatte er außer der Bauchverletzung noch weitere Verletzungen erlitten. Am Nachmittag war zwar ein Arzt im Behandlungszimmer gewesen, Dana hatte sich aber einfach nicht merken können, was dieser ihr geschildert hatte. Sie nahm sich vor, bei ihrem nächsten Besuch Hannah zu fragen – ihr nächster Besuch, innerlich wusste sie anscheinend schon, dass sie wieder kommen würde.

Erst als sie ihre Kollegen begrüßte, fiel ihr auf, dass sie dieses Mal nicht mal einen Apfel dabei hatte. Spontan entschied sie, dass sie ihre Kollegen auf eine Pizza einladen würde, was für große Begeisterung sorgte.

Die nächsten vier Nächte ihrer Schicht verliefen ohne größere Herausforderung. Dana arbeitete nachts, schlief kurz, fuhr dann zum Friedhof und anschließend ins Krankenhaus. Dort verbrachte sie die Zeit bis sie wieder zur Arbeit musste. Allerdings dachte sie zwischenzeitlich daran, sich etwas zu essen aus der Krankenhauscafeteria mitzunehmen.

Am zweiten Tag ihrer freien Schicht, klopfte es an

der Krankenzimmertür. Dana schrak hoch, sie erwartete keine Schwester und keinen Arzt. Vorsichtig rief sie: „Herein!“

Die Tür ging auf und ein Polizist kam herein. Dana erkannte ihn sofort, er sie ebenfalls.

„Man sagte mir, dass seine Frau bei ihm wäre, ich gehe nicht davon aus, dass du diese Rolle übernommen hast?“, fragte er augenzwinkernd.

„Nein, du weißt, dass ich den Notruf entgegengenommen habe. Der Fall lässt mir keine Ruhe, auch dieses Gefühl dürfte dir nicht fremd sein.“ Dana war aufgestanden und tigerte unruhig im Zimmer auf und ab.

„Sicher nicht, aber wie kamst du auf die Ehefrauen-Nummer?“

„Ich wurde überrumpelt, nur Angehörige und so, du weißt schon.“

„Klar, bei mir ist dein Geheimnis sicher, hat ja niemand was davon, wenn er gar keinen Besuch bekommt.“

„Gibt es schon etwas Neues?“

„Die Kollegen haben in New York am Flughafen seinen Angestellten Luke Baker festgenommen. Er hat sofort ausgepackt. Hat gedacht, er kommt so an die Firma, die seiner verquirlten Meinung nach, ihm zusteht, heran. Jetzt sitzt er erst mal ein.“

Dana nickte, wieder einmal ging es nur ums Geld. Sie blieb vor dem Krankenbett stehen und schaute auf Julian herab. Er wirkte so schutzlos, wie er so dalag. Genauso schutzlos hatte er seinem Angreifer gegenüber gestanden, einem Mann, den er vermutlich seit vielen Jahren kannte und dem er vertraut hatte.

„Ich werde jetzt wieder gehen, ich wollte nur mal die Ehefrau sehen, die die US-Kollegen nicht gefunden haben.“

Dana errötete und wandte ihren Blick ab.

„Ich halte dich auf dem Laufenden, versprochen. Schön, dass du wieder zurück bist.“

Er nahm sie in die Arme und drückte sie fest.

Damit verabschiedete er sich. Dana blickte ihm hinterher. Frank, ihr Ziehvater ... Sie liebte ihn von ganzem Herzen, aber in diesem Moment noch ein bisschen mehr. Dana zog sich wieder ihren Stuhl zurecht und setzte sich. Aus dem Augenwinkel sah sie eine Bewegung. Langsam drehte sie sich zum Krankenbett hin. Sie blickte in ein Paar leuchtend blaue Augen.

„Julian, du bist aufgewacht.“

„Entschuldigung?“

Mist, sie war wieder in ihre Muttersprache verfallen. Doch noch bevor sie den Fehler ausbügeln konnte, ging die Tür erneut auf und Schwester Hannah kam herein. Sie blieb wie angewurzelt stehen.

„Oh, der Patient ist ja wach! Sie hätten uns rufen sollen!“

„Er ist erst in dieser Minute aufgewacht.“

„Na dann, wie geht es Ihnen?“, Hannah richtete ihre Aufmerksamkeit auf Julian.

„Ähm, er spricht nur englisch, er kann Sie nicht verstehen!“, brachte Dana mühsam hervor.

Hannah schwang sofort um und redete in klarem Englisch. „Schön, dass Sie wieder bei uns sind, wir dachten schon, wir müssten für Ihre Frau hier einen Nebenwohnsitz anmelden."

Während Hannah mit ihrem Patienten plapperte, holte sie die Krankenakte aus der Halterung des Bettes.

Obwohl Dana ihren hochroten Kopf sinken ließ, sah sie noch, wie Julian fragend von ihr zu Hannah schaute. Hannah überprüfte routiniert die Vitalfunktionen des Patienten und trug die Werte in die Akte ein. Sie reichte ihm noch einen Schluck zu trinken. Als sie damit fertig war, verabschiedete sie sich.

Dana sah, wie die Tür sich schloss, langsam drehte sie sich zu Julian um, sie wusste, dass es nun an der Zeit war, reinen Tisch zu machen. Allerdings fiel es ihr schwer, Worte zu finden, wo sie von diesen blauen Augen angesehen wurde.

„Habe ich etwas verpasst? Oder leide ich unter einer Amnesie?", fragte Julian seine Stimme hörte sich zwar fester an, als in der Nacht seines Notrufes, doch war sie noch immer sehr schwach und leise.

„Weder noch. Ich wollte dich einfach sehen."

„Kennen wir uns? Vielleicht habe ich doch etwas am Kopf, ich glaube, ich würde mich an dich erinnern."

„Ich bin Dana."

„Dana – oh mein Gott, du bist Dana? Ich habe immerzu deine Stimme gehört, dann war das gar kein Traum. Du warst tatsächlich immer da?“

Dana nickte nur.

„Wie lange liege ich schon hier?“

„Nur ein paar Tage“, genau konnte Dana es nicht sagen, sie hatte nicht mitgezählt.

„Kannst du mir sagen, was passiert ist?“

„Ich weiß nicht, ob du dafür physisch und psychisch bereit bist.“

„Das kann ich dir jetzt auch noch nicht sagen, aber ich glaube, dass ich es wissen muss. Warum also damit warten?“

Dana reichte ihm noch einen Schluck Wasser, den er dankbar zu sich nahm.

Dann griff sie automatisch nach seiner Hand und erzählte ihm, was sie von der Polizei wusste. Lange Zeit war Julian still. Er hatte seine Augen geschlossen und rührte sich nicht. Dana dachte, dass er wieder eingeschlafen war und strich mit ihrem Daumen über die Knöchel seiner Hand. Ihr Blick ruhte auf den kräftigen Händen, die schon wieder mehr Farbe hatten, als noch vor wenigen Tagen.

„Das hat noch nie jemand gemacht“, flüsterte Julian.

Dana schrak hoch und zog ihre Hand weg. Wieder glühte ihr Kopf. Was dachte sie sich nur dabei?

„Ich wollte dich nicht erschrecken. Ich bin es nur nicht gewöhnt, dass sich jemand um mich sorgt, aber ich glaube schon jetzt, mich an das Gefühl gewöhnen zu können.“ Grinsend sah er sie an.

Dana wusste nicht, was sie antworten sollte. Auch

sie hatte sich monatelang um niemanden mehr kümmern müssen, ja, hatte sich nicht einmal mehr um sich selbst gekümmert.

„Willst du damit sagen, dass dir noch nie jemand die Hand gehalten hat als du krank warst?“, wollte Dana wissen.

Julian zuckte mit den Schultern. „Kannst du mir jetzt sagen, warum die denken, dass du meine Frau bist?“

Oh Mann, das ist ein zäher Brocken, dachte Dana.

„Am Morgen, nachdem wir dich gefunden hatten, wollte ich dich besuchen, aber der Zutritt war nur für Angehörige gestattet. Also habe ich mich der ältesten Ausrede der Welt bedient und hatte damit Erfolg. Es tut mir leid, es ist nicht meine Art, Menschen zu belügen oder ihnen etwas vorzumachen, ich habe egoistisch gehandelt ...“, wieder senkte Dana ihren Kopf. Sie wollte einfach nur weg von hier. Offensichtlich trat sie hier in lauter Fettnäpfchen, nur weil sie nicht über die Konsequenzen ihres Handelns nachgedacht hatte.

„Ich bin froh, dass du das getan hast.“

Dana schaute auf. Sah aber nicht den erwarteten Zynismus in Julians Augen, sondern schlichte Dankbarkeit.

„Offensichtlich wurde ich von einem Menschen betrogen und belogen, den ich seit vielen Jahren zu kennen glaubte. Es tut gut zu wissen, dass es auch noch andere Menschen auf dieser Welt gibt.“

Julians Blick schweifte in die Ferne, blickte durch

Dana hindurch.

„Luke und ich waren schon zusammen im Kindergarten. Er war schon immer auf der Verliererseite. Dennoch zog ich ihn ins Boot, als ich die Firma gründete. Wahrscheinlich ist doch mehr daran, wenn man sagt, dass man in einen Menschen nicht hineinblicken kann."

„Er hat dich mehr als nur belogen und betrogen. Er hat dich beinahe umgebracht und den Tieren zum Fraß vorgeworfen."

„Ja, da hast du wohl recht. Es ist nur so schwer, das zu begreifen."

Erneut griff Dana seine Hand. Dieses Mal drehte Julian seine Hand jedoch um und verschränkte seine Finger mit denen von Dana. Sie sah ihn an, sah in seine strahlend blauen Augen.

Er lächelte und meinte schläfrig: „Ich bin müde. Ich möchte, dass du noch da bist, wenn ich wieder aufwache, geht das?" Damit schloss er seine Augen und schlief ein.

Zum ersten Mal seit Monaten fühlte nun auch Dana sich müde.

3.

Dana wurde von leisen Stimmen geweckt. Sie wusste zunächst nicht, wo sie sich befand.

„Ich verstehe nicht, warum Sie meine Frau nicht schlafen lassen können, Sie können mich doch auch so untersuchen!“, drang eine Stimme in ihre Gedanken.

Langsam schlug sie die Augen auf. Sofort wurde sie von hellem Licht geblendet, so dass sie sie wieder zukneifen musste.

Mark? Bist du das? fragte sie sich. Sie wollte einfach nicht richtig zu sich kommen. Jetzt hörte sie eine andere Stimme.

„Wir müssen Ihren Blutdruck messen und das geht nur an der Seite auf der Ihre Frau schläft.“

Ihre Frau ?... Mark?

Plötzlich wusste sie wieder wo sie war. Erschrocken fuhr sie hoch. Wütend zischte Julian einen Mann an, der am Fußende des Bettes stand: „Sehen Sie, jetzt haben Sie sie geweckt! War das nötig?“

„Wir sind hier kein Hotel, wir haben noch andere Patienten, so dass wir nicht auch noch auf Angehörige Rücksicht nehmen können.“ An Hannah gerichtet fuhr er fort: „Tragen Sie die Werte ein und teilen Sie sie mir später mit. Dann wechseln Sie noch den Verband. Das wäre alles." Damit verließ er das Zimmer.

„Oh nein, ich wollte nicht einschlafen, du hättest mich gleich wecken sollen, ich brauche den Schlaf nicht so dringend." Dana wollte am liebsten im Erdboden versinken. Hilflos blickte sie zu Hannah.

Diese lächelte ihr zu und meinte: „Kein Grund zur Aufregung. Als Arzt ist er unschlagbar, als Mensch besteht noch Nachholbedarf."

Effizient wie immer erhob Hannah die geforderten Werte, trug sie in die Akte ein, nahm noch Blut ab, beklebte das Röhrchen und ließ es in ihre Kitteltasche gleiten. Dann versorgte sie ihren Patienten noch mit Wasser.

„Ich hole das Verbandsmaterial, ich bin gleich wieder zurück", meinte Hannah und ließ beide wieder alleine. Nur wenige Augenblicke später kam die Schwester, beladen mit Mull und Pflaster, wieder zurück.

Dana schob ihren Stuhl zurück. „Ich werde kurz draußen warten, bis Sie fertig sind." Noch nie war sie bei einem Verbandswechsel dabei gewesen. Und jetzt, wo Julian wach war, wollte sie seine Intimsphäre schützen. Die Schwester sah sie fragend an.

„Unsinn, bleib hier. Du kannst mir die Hand halten, es sei denn, es wird dir schlecht", wandte Julian ein.

Unsicher schaute Dana von Julian zur Schwester und wieder zurück.

„Wegen mir können Sie ruhig bleiben", sagte die

Schwester und begann damit, das Oberteil von Julian aufzuknöpfen.

Dana sah unschlüssig zu. Hannah öffnete geübt einen Knopf nach dem anderen. Als der letzte Knopf offen war, schlug sie beiden Seiten des Oberteils zur Seite. Dana zog scharf Luft ein. Ihr Blick heftete an dem muskulösen Oberkörper der unter der Krankenhauskleidung zum Vorschein gekommen war. Sie zwang sich dazu, wieder normal zu atmen und ihre Aufmerksamkeit dem Verband zu widmen. Dennoch verspürte sie ein vertrautes und doch längst vergessen geglaubtes Kribbeln in ihrem Bauch.

Hannah entfernte den Pflasterverband. Dana sah die vom Desinfektionsmittel gerötete Haut und die unendlich vielen Stiche, die über den Bauch verliefen. Ganz automatisch griff sie nach Julians Hand und umschloss sie mit ihren beiden Händen.

Innerhalb weniger Minuten war die Wunde wieder bedeckt und die Kleidung geschlossen. Mit kurzem Gruß verabschiedete sich die Krankenschwester.

Dana wusste nicht so recht, was sie sagen sollte.

„Wie geht es dir?“, fragte Julian, um die Situation aufzulockern.

„Wie es mir geht? Das sollte ich eigentlich dich fragen“, stellte Dana richtig.

„Also schön, mir geht es gut, wie geht es dir?“

„Ich fühle mich ausgeruht. Eigentlich so ausgeruht wie seit Langen nicht mehr.“

Dana ließ ihren Blick auf ihre Uhr wandern. Dann schüttelte sie ihr Handgelenk.

„Ich glaube die ist hinüber."

„Warum glaubst du das?"

„Schau doch, was sie anzeigt!"

„Ich glaube sie funktioniert!", stellte Julian mit einem Blick auf die Uhr fest.

„Das kann nicht sein, das würde ja bedeuten, dass ich fast zwanzig Stunden geschlafen habe. Das ist unmöglich."

„Dana, wann hast du zuletzt richtig geschlafen?", wollte Julian wissen und sah mit ernstem Blick zu Dana hinüber.

Unsicher fuhr sich Dana durch die Haare.

„Ist das jetzt so wichtig?"

„Ja, du bist der einzige Mensch, der seit über einer Woche jeden Tag an meinem Bett sitzt, da finde ich es schon enorm wichtig, zu wissen, wann du geschlafen hast."

„Nach meinen Nachtschichten, bevor ich hierherkam."

„Warte, warte, du hast nachts gearbeitet und tags hiergesessen?"

„Na und?"

Langsam war Dana des Verhörs überdrüssig.

„Du hast dich hier an meiner Seite völlig verausgabt. Das ist für mich etwas, mit dem ich nicht umgehen kann."

„Mit dieser Sache wirst du auch nicht umgehen müssen, mein lieber Freund. Vielleicht schadet das jetzt deinem Ego, aber stell dir vor, du bist nicht der Grund für meine Schlaflosigkeit!"

Dana schnappte sich ihre Tasche und stürmte aus

dem Zimmer. Auf dem Flur rannte sie fast die Nachtschwester über den Haufen, die gerade den Container mit dem Abendessen hinter sich herzog. Eine Entschuldigung murmelnd rannte sie weiter. Am Aufzug hieb sie auf die Knöpfe ein. Als sich an der Anzeige jedoch nichts änderte, das verfluchte Teil schien im siebten Stock festzustecken, stürmte sie weiter ins Treppenhaus. Vor dem Gebäude atmete sie erst einmal tief ein und ließ sich mit, wie es schien unendlichen schweren Beinen, auf eine Bank fallen. Nun fanden ihre Tränen freien Lauf. Schluchzend saß sie da, zog ihre Beine an und legte ihren Kopf auf ihre Knie. Es war ihr völlig egal, was andere denken mochten, sie brachte die Kraft nicht auf, sich ins Auto zu setzen. Genau betrachtet wusste sie nicht einmal mehr wo sie es geparkt hatte.

Zur gleichen Zeit stieg im dritten Stock ein Polizist aus dem Fahrstuhl, der kurz ein paar Worte mit der Empfangsschwester wechselte und dann zu Zimmer 3.212 weiterging. Dort klopfte er an und trat ein. Allerdings war er mehr als nur überrascht über die Situation, die ihn erwartete.

Halb aus dem Bett hing sein Opfer, eine Krankenschwester darüber gebeugt, beide in einem heftigen Wortgefecht.

„Was ist hier los?“, rief er ziemlich laut.

Sofort kehrte Ruhe in dem Raum ein. Die Schwester rappelte sich hoch. Er erkannte Hannah.

„Hannah, was wird das?“, fragte er sichtlich ratlos.

„Herr Schröder, gut, dass Sie da sind. Er hat sich wohl mit seiner Frau gestritten und will sie jetzt suchen gehen, er hat sich schon die Infusionsnadel herausgerissen!“

An Julian gerichtet sagte er dann: „Mr Dillon, reißen Sie sich zusammen, so finden Sie Ihre Frau nicht, so bringen Sie höchstens sich selbst ins Grab!“

Als Julian sich entspannte, schaute Schröder wieder zu Hannah: „Ich glaube Sie können uns einen Moment alleine lassen, ich regle das.“

Dankbar nickte Hannah und verließ das Zimmer. Schröder hob einen Stuhl vom Boden auf, der im Gerangel wohl umgestoßen worden war. Er setzte sich und blickte Julian lange an.

„So, Sie haben sich also mit Dana gestritten“, es war keine Frage.

„Sie kennen Dana?“

„Seit über zehn Jahren, wahrscheinlich eher seit fünfzehn Jahren. Wenn Sie also vorhaben, ihr wehzutun, nachdem sie sich derart um Sie gesorgt hat, kann ich Ihnen versichern, reiße ich Ihnen Ihr Herz bei lebendigem Leib heraus und werfe es den Geiern zum Fraß vor.“

„Ich will sie nicht verletzen. Ich habe mich schlecht ausgedrückt. Ich war in Sorge um sie, weil sie so wenig geschlafen hat, sie hat entweder gearbeitet oder hier gesessen.“

Der Polizist schaute auf den Mann, der vor ihm lag. „Ja, Dana schläft nicht viel, wie auch“, fügte er nachdenklich hinzu.

„Was meinen Sie?"

Schröder schaute auf. „Nichts, nichts, ich habe nur laut gedacht."

„Wer ist Mark?"

„Woher kennen Sie diesen Namen?"

„Sie hat ihn mehrfach im Schlaf gerufen."

„Das kann ich Ihnen nicht sagen. Das muss sie schon selbst tun."

„Ich weiß nicht, ob sie wiederkommt", Julians Stimme klang verzweifelt.

„Das kann ich Ihnen auch nicht sagen. Dana ist ein vorsichtiger Mensch. Keiner soll ihr wehtun", nachdenklich schüttelte Schröder den Kopf und fuhr sich mit beiden Händen über das Gesicht.

„Ich sag Ihnen was, ich werde versuchen sie zu finden und mit ihr zu sprechen, aber nur weil ich nicht will, dass sie irgendwelche Dummheiten macht. Ob sie nochmal mit Ihnen spricht, darauf kann und will ich keinen Einfluss nehmen."

Julian nickte, was konnte er mehr erwarten. Er war in einem fremden Land, dessen Sprache er nicht sprach, geschweige denn verstand. Er hatte kein Auto, er wusste nicht einmal genau, wo er sich befand.

Danas Tränen trockneten langsam. Noch immer saß sie auf der Bank vor dem Krankenhaus. Die Dämmerung hatte eingesetzt, in der Ferne hörte sie ein Martinshorn. Irgendwo bellte ein Hund, ein Baby schrie. Die Welt drehte sich weiter. Aber das wusste sie ja.

Nach dem Heulkrampf, und nichts anderes war es wohl gewesen, fragte sie sich, ob sie überreagiert hatte. Irgendetwas hatte sie aus der Bahn geworfen. Auch nichts Neues. Dann fiel es ihr ein. Sie war aufgewacht und dachte, Mark sei bei ihr. Doch er war nicht da, würde nie wieder für sie da sein. Würde sie nie wieder in seine Arme nehmen, nie wieder eine Wärmflasche in ihr Bett stecken, wenn sie nach einer Nachtschicht frierend im Bett lag. Er würde nie wieder mit ihr lachen oder mit ihr streiten, mit ihr gemeinsam Ängste ausstehen. Kein Mark, keine Melina und keine Elena. Ihre Kinder waren so weit und endgültig weg wie ihr Mann.

Erneut suchten sich ihre Tränen ihren Weg.

So fand Frank Schröder sie vor dem Krankenhaus sitzend, schluchzend und zitternd.

Liebevoll zog er sie auf seinen Schoß und streichelte ihren Kopf und murmelte leise Worte die sie nicht verstand und die auch keine Bedeutung hatten. Sie merkte, wie sie sich langsam beruhigen konnte.

„Dana, komm mit, ich nehm dich mit nach Hause. Hanni vermisst dich eh und liegt mir ständig in den Ohren, wann sie dich wiedersieht."

Die Schröders hatten keine eigenen Kinder. Als er vor vielen Jahren Dana in der Einsatzzentrale kennengelernt hatte, hatte er sie sofort wie seine nie gehabte Tochter ins Herz geschlossen. Auch seine Frau Hanni war von Dana begeistert. Dana verbrachte viele Stunden mit den Schröders, bis sie Mark kennenlernte und ihre eigene Familie gründete. Auf diese Weise bekamen die Schröders auch noch einen Sohn und bald darauf Enkelkinder. Sie liebten die Zwillinge ohne Wenn und Aber. Da weder Marks noch ihre eigenen Eltern noch am Leben waren, und sie beide Einzelkinder waren, schien es für alle ein wahres Wunder zu sein. Bis vor wenigen Wochen dieses Wunder für immer ausgelöscht wurde.

„Danke Frank, ich glaube, dass ich gerade etwas überfordert bin."

„Schon gut, häng dich ein, ich habe gleich hier vorne geparkt."

Mit geröteten Augen sah sie zu Frank.

„Bist du zufällig hier oder hat man dich wegen einer hysterischen Person vor dem Krankenhaus gerufen?"

„Ich wollte zu Mr Dillon."

Dann schilderte er kurz, was sich im Krankenzimmer abgespielt hatte.

Dana blieb stehen. „Vielleicht sollte ich doch kurz zu ihm gehen?"

Lächelnd zog Frank sie weiter. „Liebes, lass ihn eine Nacht darüber schlafen, dann sieht auch für dich die Welt anders aus."

„Ich weiß nicht, ob ich schon wieder schlafen kann."

„Glaub mir, wenn Hanni mit dir fertig ist, wirst du schlafen wie ein Engel."

Lachend stiegen beide ins Auto.

„Warum bist du eigentlich hergekommen?", hakte Dana nochmals nach.

„Der Auslieferungsantrag wurde abgelehnt. Baker bekommt seinen Prozess in den USA. Ist vielleicht besser so, so liegt er nicht unserem Rechtssystem auf der Tasche."

Dana dachte nach und nickte.

„Lässt du mich noch kurz am Friedhof raus?", frage sie, „ich brauche nicht lange."

„Kann ich dich begleiten?", wollte Frank wissen und sah kurz zu ihr rüber, bevor er wieder auf die Straße sah.

„Danke, aber ich glaube, ich wäre gerne alleine ein paar Minuten dort."

Frank nickte und fuhr schweigend weiter.

4.

Tatsächlich schlief Dana auch in dieser Nacht noch einmal tief und frei von Albträumen. Am Morgen wurde sie vom Duft von Kaffee, frischen Brötchen und Rührei mit Speck aufgeweckt. Sie strampelte ihre Decke weg, stand auf und ging in die Küche. Hanni stand am Herd.

„Guten Morgen, Liebes. Ich hoffe, wir haben dich nicht geweckt.“

„Nein, der Duft des Essens hat mich geweckt.“

„Setz dich doch, Frank holt gerade die Zeitung rein. Dann können wir frühstücken.“

Dana kannte keinen zweiten Ort, an dem sie sich seit dem Unfall so wohl gefühlt hatte wie hier. Es gab hier keine mitleidigen Blicke, keine versteckten pseudopsychologischen Tipps. Sie wurde behandelt wie immer und das war die letzten Wochen unglaublich wichtig für sie geworden.

„Wann musst du wieder arbeiten?“, wollte Frank wissen.

„Ich habe noch vier Tage frei, dann beginnt meinte nächste Nachtschichtrunde.“

„Hast du schon Pläne für heute?“, wollte nun Hanni wissen.

„Ja, ich denke, ich fahre noch mal ins

Krankenhaus."

„Mmh, haben wir uns schon gedacht. Lass nur nicht alles so nah an dich heran."

„Ich werde es versuchen", versprach Dana.

Dann fiel ihr ein, dass sie ja gar kein Auto hatte. Frank, der ihre Gedanken erraten hatte, meinte: „Ich fahr dich, ich habe sowieso noch etwas in der Stadt zu erledigen."

Auf der Fahrt fragte Dana plötzlich: „Frank, kannst du mich noch kurz bei mir zu Hause absetzen?"

„Klar, hast du etwas vergessen?"

„Das nicht, aber ich glaube, ich hätte heute große Lust mir etwas Schönes anzuziehen."

Frank lächelte und schlug den Weg zu Danas Haus ein. Nachdem sie die Haustür geöffnet hatte, trat er hinter ihr ein. Wie immer zerriss es ihm fast das Herz wenn er sah, was aus dem einst lebhaften, liebevoll gestalteten Heim geworden war. Nach dem Tod ihrer Familie hatte Dana alle Sachen ins obere Geschoss bringen lassen. Er wusste, sie hatte nichts weggeworfen, einfach alles nur weggeräumt. Nun blickten ihm kahle Wände entgegen, nur die dunkeln Umrisse an den Wänden wiesen darauf hin, dass hier einmal Bilder gehangen hatten. Keine Pflanze wuchs mehr, kein Nippes zierte die Fenstersimse. Dana hatte in einer Nacht- und Nebelaktion Möbel einer Billig-Möbel-Kette gekauft und diese selbst aufgebaut. Mit dem Ergebnis konnte keiner glücklich werden. Nicht, dass der Aufbau nicht gekonnt war, seine Dana war handwerklich sehr geschickt, nein, es herrschte nur keinerlei Atmosphäre mehr in den Räumen.

Dana schien das nicht aufzufallen. Sie eilte in ihr Schlafzimmer, während Frank durch die gespenstischen wirkenden Räume schritt.

In ihrem Schrank fand sie eine enge Jeans, die ihr seit Jahren schon nicht mehr gepasst hatte. Nun, nach ihrer wochenlangen Nahrungsverweigerung dürfte sich dieses Problem gelöst haben. Dana schlüpfte in die Hose, die sich wie eine zweite Haut um ihren Körper schmiegte. Sie sah ihre langen, schlanken Beine im Spiegel an, also das war gar nicht schlecht für den Anfang. Ein gepolsterter BH betonte ihre Brüste. Darüber eine weiße Bluse, die die Konturen des BHs erahnen ließ und schon war sie fertig. Sie schlüpfte wieder in ihre Stiefel und schaute sich noch einmal kurz im Spiegel an. Zum ersten Mal, seit Monaten, fühlte sie sich wieder als Frau. Sofort überkam sie ein schlechtes Gewissen. Unsinn, wies sie sich zurecht. Mark würde ihr ein Leben, wie sie es die letzten Monate hatte, nicht gewünscht haben.

Dana verzichtete auf Schminke, denn obwohl sie Lust hatte, sich feminin zu kleiden, hatte sie keine Lust, sich zu verkleiden. Und so wäre sie sich geschminkt vorgekommen – verkleidet.

Als sie wieder zu Frank kam, hob dieser anerkennend eine Augenbraue. „Nicht schlecht, die Verwandlung."

Dana schnappte sich ihre Tasche und ihre Jacke und zog hinter Frank die Haustür zu.

Kurze Zeit später war Dana im dritten Stock des Krankenhauses auf dem Flur. Da der Empfang unbesetzt war, war sie direkt auf die Intensivstation gelaufen. Wie vertraut ihr hier inzwischen alles war, dachte sie, während sie den Flur entlanglief. Dana blieb vor dem Fenster stehen. Plötzlich setzte ihr Herz einen Schlag aus, um dann mit astronomischer Geschwindigkeit wieder einzusetzen. Das Zimmer war leer. Nahezu panisch blickte sie den Flur hoch und runter, keine Menschenseele. Sie riss die Zimmertür auf. Doch alles, was sie sah, war ein leeres Bett, das mit Folie umwickelt war. Das Zimmer war bereit für einen anderen Patienten. Auch ansonsten erinnerte nichts in diesem Raum daran, dass hier ein Mensch gelegen hatte. Sie rannte wieder hinaus zum Empfang. Aber hier war nach wie vor niemand. Wo waren die alle? Am Ende des Tresens sah Dana eine Glocke. Heftig schlug sie darauf. Kurz darauf flog eine Tür auf und eine mürrische Schwester blaffte sie an: „Was sind sie denn so ungeduldig?"

„Wo ist mein Mann?"

„Wer ist ihr Mann?"

„Zimmer 3.212."

„Moment, ich sehe nach."

Mit zermürbender Langsamkeit suchten die Finger der Schwester nach den richtigen Tastenfelder auf der Tastatur bis sie endlich die Daten hatte, die sie suchte.

„Verlegt. Vierter Stock. Zimmer 4.324."

Dana rannte zum Treppenhaus und stieß die Tür auf. Ein Stockwerk höher verließ sie das Treppenhaus wieder. Mist, welche Nummer hatte die Schwester ihr genannt? Sie konnte sich einfach nicht erinnern. Immerhin traf sie auf dieser Ebene eine Schwester.

„Ich führe Sie zum richtigen Zimmer", bot diese an, nachdem Dana sie nach der Nummer gefragt hatte.

„Das ist nett. Wie geht es ihm?"

„Viel besser, sonst wäre er nicht auf diese Station verlegt worden. Wenn er sich weiter so hält, kann er bald entlassen werden und wieder nach Hause."

Dana blieb wie angewurzelt sehen. Nach Hause? Darüber hatte sie sich noch gar keine Gedanken gemacht. Klar, musste er wieder nach Hause. Er hatte dort Verpflichtungen, vielleicht eine Freundin, die auf ihn wartete. Sie wusste nur, dass er nicht verheiratet war, was wusste sie sonst noch von ihm? Nichts! Absolut nichts!

„Stimmt etwas nicht?", fragte die Schwester.

„Nein, mir war nur etwas schwarz vor Augen", antwortete Dana schnell.

„Hier sind wir, vielleicht trinken Sie noch etwas, dann fühlen Sie sich bestimmt gleich wieder besser."

„Danke, das werde ich gleich tun."

In Dana wuchsen Zweifel, sollte sie wirklich dieses Zimmer betreten? Was sollte sie Julian sagen? Doch bevor sie weiterdenken konnte, klopfte ihre

Hand auch schon gegen die Tür. Sie hatte sich wirklich prima im Griff.

„Herein."

Dana öffnete unsicher die Tür und versuchte zunächst durch einen kleinen Spalt ins Zimmer zu blicken. Da der Flur des Zimmers jedoch derart eng war, sah sie lediglich eine Wand mit einer Schalttafel auf der Knöpfe in verschiedenen Farben angebracht waren. Also stieß sie die Tür ganz auf und trat in das lichtdurchflutete Zimmer. Erst jetzt wurde ihr bewusst, dass das Zimmer einen Stock tiefer gar kein Fenster gehabt hatte.

Dann fiel ihr Blick auf das Bett und ihr Atem stockte erneut. Julian saß in einem dunkelblauen Schlafanzug auf dem Bett. Unter dem weichen Stoff zeichnete sich sein muskulöser Körper ab. Die ersten Knöpfe des Oberteils waren geöffnet. Der Verband an seinem Kopf war entfernt worden, ebenso die Schläuche an seinen Armen. Sein pechschwarzes Haar war ungekämmt und leicht zerzaust, seine blauen Augen strahlten. Julians Hautfarbe wirkte bei Tageslicht leicht gebräunt. Auf seinem Schoß hatte er ein Notebook so klein und flach wie sie noch nie eines gesehen hatte. Wieder richtete sich ihr Blick auf die strahlenden Augen. Sie sah, wie Julian das Notebook zur Seite stellte. Als er jedoch versuchen wollte aufzustehen, biss er die Zähne schmerzerfüllt zusammen. Sofort eilte Dana herbei und hielt ihn an den Schultern fest.

„Du sollst bestimmt noch nicht aufstehen."

„Das stimmt. Aber ich war mir nicht sicher, ob ich

dich je wiedersehen würde."

Danas Blick wurde von Tränen getrübt. Sie wandte ihren Blick ab. Julian griff nach ihrem Kinn und zog Danas Kopf sachte in seine Richtung. Jesus, sah sie schon immer so zum Anbeißen aus? fragte sich Julian. Dann wandte er sich an Dana.

„Was ist?"

„Nichts."

„Das ist eine schlechte Antwort."

„Dir geht es wieder besser."

„Entschuldigung."

Nun musste Dana doch lächeln.

„Nein, so meinte ich das natürlich nicht. Aber du wirst entlassen werden, du wirst wieder nach Hause fliegen, ich werde nicht mehr für dich sein als eine flüchtige Erinnerung."

„Das denkst du?"

„Sei doch ehrlich zu dir", jetzt blickte Dana ihm direkt in die Augen. „Wir kennen uns nicht. Wir haben uns in einer Extremsituation kennengelernt, haben ein paar Stunden miteinander gesprochen, das war es dann."

Julian ließ Danas Gesicht los. Er fuhr sich mit beiden Händen über seine Wangen auf denen ein dunkler Schatten lag. Er hatte sich am Morgen noch nicht rasiert. Das Geräusch, das die Stoppeln in seinen Handflächen verursachte, jagte Dana einen Schauer über den Rücken. So lange hatte sie dieses Geräusch nicht mehr gehört. Sie schluckte schwer und zwang sich zur Vernunft. Nun blickte Julian auf. Schaute ihr in die Augen. Blau in Grau.

Dann zog er ihren Kopf zu sich hinab und küsste sie. Zuerst streiften seine Lippen die ihren nur leicht, nahezu flüchtig. Dann suchte er regelrecht ihren Mund. Forderte, nahm und gab.

Dana wusste nicht, was sie tun sollte. Eigentlich sollte sie die Sache beenden, bevor wirklich jemand ernsthaft verletzt werden würde. Eigentlich. Stattdessen gab sie sich dem Kuss hin, vertiefte ihn noch, nahm Julians Geruch und Geschmack in sich auf. Sie konnte ihr Herz förmlich beben spüren. Das Blut kochte ihr in den Adern. Himmel, was stellte dieser Mann mit ihr an?

Julian hatte Dana eigentlich nur leicht küssen wollen, um ihr zu zeigen ... ja, was eigentlich? Er wusste es nicht mehr, konnte keinen klaren Gedanken fassen. Nie hätte er für möglich gehalten, dass eine Frau ihn derart aus dem Gleichgewicht bringen konnte. Er wusste, wenn er den Kuss nicht sofort beendete, würde er sie hier in seinem Krankenbett nehmen. Er wollte diese Frau ganz. Wollte ihre nackte Haut spüren. Wollte sie lieben.

Von seinen Gedanken selbst erschrocken, löste Julian sich schlagartig von Dana. Zunächst noch verwirrt, klärte sich Danas Blick rasch wieder, sie wusste nicht wie weit sie hier gegangen wäre. War sie komplett durchgeknallt? Hatte sie nicht schon genug am Hals, ohne, dass sie sich jemanden anlachte, der zweitausend Kilometer oder noch weiter entfernt lebte? Wo war eigentlich New Haven? Wer kannte schon New Haven?

Dana rappelte sich vom Bett auf und strich ihre Kleidung glatt. Wie klischeemäßig, dachte sie und ließ ihre Hände wieder sinken. Noch immer hatte keiner ein Wort gesprochen. Julian räusperte sich.

„Sag nicht, dass es dir leid tut, sonst verpasse ich dir einen Schlag in deine frische Naht", drohte Dana.

„Nein, nein, dich um Verzeihung bitten war das Letzte, an das ich gedacht habe."

„Was hast du dann gedacht?"

„Ich fürchte nichts Wertvolles, mein Hirn war nämlich die längste Zeit außer Gefecht gesetzt." Julian zuckte schuldbewusst mit den Schultern und verzog einen Mundwinkel nach oben.

Dieser Mann machte sie noch fertig. Fast verfluchte sie die Nacht, in der sie seinen Notruf entgegengenommen hatte. Krampfhaft suchte sie nach einem unverfänglichen Thema. Nie war es ihr so schwer gefallen, eines aufzugreifen.

„Wann ziehen sie dir die Fäden?"

„Wenn ich mich nicht mehr daneben benehme, in drei Tagen."

„Ja, die Aktion gestern, ich habe davon gehört."

„Habt ihr hier einen besonders wohlorganisierten Buschfunk oder hat der Polizist dich gefunden?"

„Frank hat mich gefunden."

„Frank also, ja? Du scheinst ihn gut zu kennen."

Was meinte er nun damit schon wieder? Sie wurde aus diesem Mann einfach nicht schlau.

„Wie meinst du das?", fragte sie direkt.

„Einfach so, nur eine Feststellung. Ihr kennt euch

einfach."

„Genau, ist das ein Problem für dich?"

Ob das ein Problem war? Wahrscheinlich schlief sie mit dem Typ, der alt genug war um ihr Vater zu sein und nun fragte sie ihn, ob er damit ein Problem habe? Die Frau schaffte ihn wirklich.

„Nein, kein Problem", stieß er zwischen zusammengebissenen Zähnen hervor.

„Gut, dann wäre das ja geklärt."

„Genau."

Zum zweiten Mal setzte ein Schweigen zwischen ihnen ein. Schließlich rutschte Julian an die äußere Kante seines Bettes und klopfte mit der Hand auf die freie Stelle neben sich. Er sah Dana erwartungsvoll an. Dana nahm das Friedensangebot dankend an. Sie legte sich neben Julian und ließ ihren Kopf in seinen Arm sinken. Sie schloss ihre Augen. Sie wollte nicht daran denken, wie gut ihr Körper zu seinem Körper passte.

Julian spielte mit einer Strähne von Danas Haar, wickelte sie um seinen Zeigefinger, ließ dann die Locke wieder frei. Mit seiner anderen Hand streichelte er Danas Rücken. Wie dünn sie war, stellte er fest. Kein Wunder, er sah sie auch fast nie etwas essen. Das würde er ändern, wenn er könnte, wenn er die Zeit hätte, wenn er *sie* hätte, für immer hätte.

„Woher hast du eigentlich die ganzen Sachen hier?", fragte Dana. Sie hatte sich im Zimmer umgesehen. Ihr waren die Kleidung, das Notebook und weitere Alltagsdinge aufgefallen, die wohl kaum vom Krankenhaus zur Verfügung gestellt worden waren.

„Ich habe mit meiner Assistentin telefoniert. Keine Ahnung wie sie solche Dinge immer organisiert. Jedenfalls wurden die Sachen geliefert, kaum dass ich in das Zimmer geschoben worden war."

Die Assistentin also, hm, das muss ja eine tolle Frau sein, dachte Dana und stellte sich eine Blondine mit knallig lackierten Fingernägeln und prallem Busen vor.

„Tüchtige Frau", erwiderte sie gegen eine Eifersucht ankämpfend.

„Ja, aber wenn man vier Söhne hat, muss man sein Leben wohl managen können. Ruth ist ein Engel. Sie ist über fünfzig. Ich weiß nicht, was ich machen soll, wenn sie irgendwann beschließt, in den Ruhestand zu gehen."

Dana schimpfte sich selbst einen Narren, dass sie so schnell zu Vorurteilen neigte. Selbst wenn er eine blonde Assistentin gehabt hätte, es wäre sie nichts angegangen. Nur weil sie einige Stunden ihres Lebens mit ihm teilte, hatte sie ja wohl nicht das Recht, sich in seine Angelegenheiten einzumischen.

Bis spät in die Nacht unterhielten sich die beiden. Nur zu den Mahlzeiten war Dana von Julians Bett aufgestanden. Dana wunderte sich nicht darüber, dass zwei Mahlzeiten geliefert wurden, sie konnte sich schon denken, dass Julian von den Schwestern alles bekommen würde, was er wollte. So aßen sie gemeinsam die

Krankenhausverpflegung und genossen die Zeit.

Kurz vor Mitternacht sah Dana auf die Uhr.

„Ich sollte langsam nach Hause gehen. Außerdem weiß ich immer noch nicht, wo ich mein Auto geparkt habe. Das muss ich erst noch suchen."

Julian richtete sich auf.

„Du weißt nicht, wo du vorher geparkt hast?"

„Ich habe die letzte Nacht bei Frank geschlafen. Er hat mich heute Morgen hergebracht."

Dana spürte, wie Julian sich versteifte. Sie sah ihn an.

„Ist alles in Ordnung, hast du Schmerzen?"

„Hmm? Ja, Schmerzen."

„Soll ich eine Schwester rufen?"

„Nein, die kann mir auch nicht helfen."

Julian fragte sich, was Dana sich dabei dachte, den ganzen Tag in seinen Armen zu liegen und ihm zum Abschied dann zu erzählen, dass sie die Nacht bei einem anderen Mann verbracht hatte. Und wahrscheinlich würde sie jetzt zu einem weiteren gehen. Er wusste nach wie vor nichts über Mark. Vielleicht hatte Dana doch recht, überlegte er weiter, sie kannten sich wirklich überhaupt nicht.

„Julian, was ist los, soll ich noch bleiben?"

„Nein, alles gut, ich bin wohl einfach müde, du solltest wirklich besser gehen."

Wie vor den Kopf gestoßen stand Dana erneut auf, hatte sie etwas Falsches gesagt? Sie konnte sich beim besten Willen nicht daran erinnern. Langsam griff sie nach ihrer Jacke und der Tasche. War es das? fragte sie sich. Geht auf diese Art so ein schöner Tag zu Ende?

„Also dann, gute Nacht, wir sehen uns morgen.“

Dana war gerade im Begriff sich abzuwenden, da rief Julian:

„Dana, komm zurück.“

Als sie wieder zu ihm trat, zog er sie zu sich herunter und küsste sie. Zuerst hart und fordernd, dann schien er sich in ihr zu verlieren, der Kuss wurde sanfter. Brachte beider Blut zum Kochen. Julian entwich ein Stöhnen. Dana umfasste seinen Kopf, durchwühlte sein Haar, ihr Herz raste.

Schließlich lösten sich beide um Atem ringend voneinander. Ohne ein weiteres Wort verließ Dana das Zimmer, machte sich auf den Weg nach Hause. Ihre Lippen brannten von dem Kuss, nein, eigentlich brannte ihr ganzer Körper. Vor dem Krankenhaus sah sie in den Himmel empor. Oh, Mark, was soll ich nur tun? Warum passiert das alles? Dana versuchte einen klaren Kopf zu bekommen und schritt über die Reihen des Parkplatzes, bis sie auf ihr Auto stieß.

Julian lag in seinem Bett und starrte die Wand an. Eigentlich hatte er Dana mit dem Kuss Stoff zum Nachdenken für die Nacht geben wollen, er hatte gewollt, dass sie an ihn dachte und zwar nur an ihn, egal ob sie zu Frank oder Mark unter die Decke schlüpfen würde. Nun aber musste er sich eingestehen, dass dieser Schuss nach hinten losgegangen war. Denn nun war er es, der an nichts anderes mehr dachte, als an diese Frau. Nicht, dass er in der letzten Zeit an viel anderes gedacht hätte. Allerdings hatte er bis dahin Dana nie mit anderen Männern in Verbindung gebracht.

Julian musste sich eingestehen, dass ihm wohl eine schlaflose Nacht bevorstehen würde. Er griff nach seinem Notebook. Wenn er schon nicht schlafen konnte, würde er die Zeit besser mit Arbeit als mit Grübeln verbringen.

5.

Dana war schon früh im Krankenhaus eingetroffen. Der Albtraum, der sie zwei Nächte lang verschont hatte, war mit voller Härte zurückgekehrt. Es war immer derselbe Traum. Mark und die Mädchen standen vor ihr, eigentlich zum Greifen nahe, sie winkten ihr. Doch mit jedem Schritt, den sie auf sie zumachte, schienen sie sich weiter zu entfernen. Dana beschleunigte ihre Schritte, rannte schließlich, konnte ihre Familie aber nicht erreichen. Dann setzte das laute Hupen ein. Dana musste sich jedes Mal die Ohren zuhalten, musste stehen bleiben, kniff die Augen zu, ihr Körper krümmte sich im Versuch, dem Lärm zu entkommen. Dann hörte das Hupen schlagartig wieder auf. Dana rappelte sich hoch, wollte weiterrennen, doch da war niemand mehr. Kein Ehemann, keine Kinder. Jedes Mal wachte Dana schreiend und schweißgebadet auf. In den wenigsten Fällen hatte sie länger als zwei Stunden geschlafen. Nie war es ihr danach möglich, noch einmal einzuschlafen.

Als sie das Krankenzimmer betrat, saß Julian wieder im Bett, und arbeitete an seinem Notebook. Zudem telefonierte er mit jemandem. Er hatte sie nicht hereinkommen gehört. Dana nutzte die Gelegenheit und beobachtete ihn. Diesen Julian kannte sie noch nicht. Er sah sehr geschäftsmäßig aus, trotz des Schlafanzugs. Allerdings musste sie auch feststellen, dass er derart schnell sprach, dass sie lediglich Bahnhof verstand. Sie blieb im Raum stehen und wartete, bis er seinen Anruf beendet hatte.

Schließlich schien das Gespräch beendet zu sein. Sie wollte gerade auf sich aufmerksam machen, da nahm er ein weiteres Gespräch entgegen. Ratlos blieb sie stehen, wo sie war. Dieses Gespräch war nur kurz. Schnell räusperte sie sich, als er das Gespräch beendet hatte. Julian lächelte, als er Dana in seinem Zimmer stehen sah.

„Bist du schon lange hier?“

Eine Antwort blieb ihr verwehrt, da sein I-Phone erneut zu vibrieren begann. Ein kurzer Blick zum Display und er schob das Gespräch weg. Dann glitten seine Finger über den Touchscreen. Gleich darauf sagte er der Frau, die sich meldete: „Ruth, keine weiteren Anrufe.“ Er trennte die Leitung ohne ein weiteres Wort. Nachdem er Notebook und Handy auf den Nachttisch geräumt hatte, rutschte Dana wieder an seine Seite. Julian zog sie in seine Arme und küsste sie.

„Guten Morgen“, hauchte er, nachdem er sich von ihr getrennt hatte.

„Selber guten Morgen.“

Dann schaute er Dana genauer an, sah die dunklen Stellen unter ihren Augen, den müden

Blick.

„Du hast nicht gut geschlafen." Das war keine Frage. Julian hätte nur gerne gewusst, was der Grund für die Schlaflosigkeit war. Er wusste aber, wenn er jetzt danach fragen würde, würde sie sich in ihr Schneckenhaus zurückziehen und ihre Ausweichthemen anschneiden, die sie bis zur Perfektion beherrschte.

„Nein, ich habe schlecht geschlafen. Du siehst aber auch nicht erholt aus."

Typisch, dachte Julian, schon wieder lenkt sie von sich ab. Nun, er würde sich noch mal darauf einlassen.

„Nein, ich habe gearbeitet. Ich glaube ich habe die letzten Tage so viel geschlafen, dass ich für den Rest des Jahres wachbleiben könnte und diese Zeit werde ich auch brauchen, um die liegen gebliebene Arbeit zu erledigen."

Beide lagen schweigend, gegen die hochgestellte Rückenlehne des Bettes gelehnt, da. Dana kuschelte wie immer in Julians Arm. Er hauchte ihr einen Kuss ins Haar. Dann flüsterte er: „Erzähl mir von deinen Eltern."

„Meinen Eltern?"

„Ja, ich möchte mehr von dir wissen. Warum fangen wir nicht bei deinen Eltern an?"

Dana überlegte.

Schließlich erzählte sie: „Meine Mutter war schon älter, als ich zur Welt kam. Eigentlich hatten meine Eltern die Hoffnung schon aufgegeben, ein Kind zu bekommen. Doch dann kam ich. Kurz nach meinem achtzehnten Geburtstag starb mein Vater. Einfach so. Er ist morgens nicht mehr aufgewacht."

Dana machte eine Pause. Schon so lange hatte sie nicht mehr an diese Zeit gedacht. Und doch war alles mit einem Schlag wieder präsent. Sie konnte sich an das Wetter am Todestag ihres Vaters genauso erinnern, wie an die Gerüche des Essens, das die Nachbarn brachten, oder auch an die Tränen ihrer Mutter.

„Meine Mutter erlitt in derselben Woche einen Herzinfarkt. Ich weiß nicht, wie lange sie schon am Boden lag, bis ich sie fand. Sie hatte derart schwere Schädigungen erlitten, dass sie ein Pflegefall blieb. Mutter lag im Wachkoma. Sie lag einfach da und starrte die Wand an. Nach und nach musste ich alles verkaufen, um für ihre Pflege aufkommen zu können. Schließlich war das Haus dran. Ich war gerade in eine winzige Wohnung umgezogen. Alles was mir noch geblieben war, waren meine Kinderzimmermöbel. Jedenfalls war der Umzug gerade fertig, da starb Mama. Fast so, als hätte sie gewusst, dass jetzt nichts mehr für ihre Pflege da war. Ich hatte keinen Cent mehr. Ich blieb allein zurück. Ich vermisste und hasste sie abwechselnd. Ich war achtzehn, ich hatte ein Zimmer in dem ich wohnen konnte, mir musste nur noch einfallen, wie ich für die Miete aufkommen konnte, aber ich hatte keinen Menschen mehr. Meine Freunde waren mittlerweile alle studieren gegangen. Ich jedoch hatte mich an der Universität wieder abgemeldet. Ich weiß nicht, wie lange ich

Trübsinn geblasen habe. Irgendwann wachte ich auf und handelte. Ich begann eine Ausbildung zur Rettungsassistentin. Danach ließ ich mich die Notrufzentrale versetzen. Dort traf ich Frank, der während seiner Nachtschicht einen Besuch bei uns machte. Er und Hanni, seine Frau, ersetzten mir von da an die Eltern, die ich verloren hatte."

Julian hätte sich ohrfeigen können. Warum hatte er sie nicht schon eher einfach gefragt, in welcher Beziehung sie zu Frank stand? Er zog sie noch näher an sich heran. Ganz leise fragte er: „Wer ist Mark?"

Dana versuchte sich aus seinem Griff zu lösen, wollte aufstehen. Da Julian damit gerechnet hatte, hielt er sie jedoch fest. Nicht mit Gewalt, aber bestimmt. Dana beendete ihren Widerstand und ließ sich wieder zurücksinken. In ihrer Stimme lag Resignation.

„Woher weißt du von Mark?"

„Du hast im Schlaf gesprochen, als du an meinem Bett geschlafen hast."

„Sicher. Ja."

Dana machte eine Pause. Sie wusste nicht, ob sie bereit war, auch hierüber zu erzählen. Der Tod ihrer Eltern lag gute fünfzehn Jahre zurück. Der ihrer Familie nur wenige Monate.

Julian drängte nicht, er hielt Dana in seinem Arm und streichelte mit seinem Daumen über ihre Wange.

„Ich lernte Mark vor ungefähr fünf Jahren kennen. Er arbeitete zusammen mit Frank. Sie waren

Partner.“ Dana brach ab. Sie musste sich erneut sammeln.

Julian spürte die Angst, die in ihm aufstieg, spürte, dass sie Mark nach wie vor liebte. Wie konnte sie hier bei ihm sein, wenn sie diesen Mann liebte?

„Es war sprichwörtlich Liebe auf den ersten Blick. Seine blauen Augen, die strubbligen blonden Haare und die Grübchen, wenn er lächelte. Wir verliebten uns und heirateten. Zwei Jahre später bekamen wir die Zwillinge“, erneut musste Dana abbrechen.

Sie ist Mama. Warum hat sie mir nie gesagt, dass sie Mama ist? Klar, habe ich nicht danach gefragt. Wie kann sie so viel Zeit hier verbringen, wenn ihre Kinder doch erst, er rechnete kurz nach, erst drei Jahre alt sind? Tausend Fragen schossen Julian durch den Kopf.

„Mark vergötterte die Mädchen. Er nahm sie überallhin mit, zeigte sie jedem, verbrachte jede freie Minute mit ihnen. Wir waren die sprichwörtliche Bilderbuchfamilie. Wobei es die Mädchen uns auch leicht machten. Sie waren so lieb. Sie hatten meine grauen Augen, sein blondes Haar und meine Locken. Sie beherrschten es schon von Geburt an, alles zu bekommen, was sie wollten. Mark erfüllte ihnen jeden Wunsch“, Dana gelang es nicht mehr, gegen ihre Tränen anzukämpfen, sie ließ ihnen freien Lauf, ihre Stimme blieb fest.

Julian erkannte erst jetzt, dass Dana in der Vergangenheit sprach. Dann spürte er, wie ihre Tränen seinen Schlafanzug durchtränkten. Er wusste nicht, wie er ihr helfen konnte. Warum musste er auch so neugierig sein? Hätte er nicht einfach alles belassen können wie es war?

„Eines Morgens, ich kam gerade von der Arbeit nach Hause, stand Mark schon in der Küche und richtete das Frühstück für alle. Er schimpfte immer mit mir, weil ich seiner Meinung nach viel zu schnell fuhr. Ich wollte einfach immer schnell nach Hause, um meine Familie noch kurz zu sehen, bevor ich ins Bett ging und sie ihren Alltag beginnen ließen . Elena und Melina kamen in die Küche gehüpft. Wir saßen am Frühstückstisch, die Mädchen auf meinem Schoß. Sie fütterten mich, ich hatte ja keine Hand mehr frei. Wenn ich gewusst hätte, dass es das letzte gemeinsame Frühstück sein sollte, ich hätte es ewig hinausgezogen." Danas Stimme brach. Erst Minuten später konnte sie fortfahren.

„Schließlich brachten sie mich zu Bett, sangen mir ein Gute-Nacht-Lied, wie ich es am Abend zuvor an ihrem Bettchen getan hatte. Mark verabschiedete sich von mir und brachte die beiden in den Kindergarten, bevor seine Schicht begann. Ich hätte sie mittags abgeholt Ich habe sie immer abgeholt.

Mark stand an einem Bahnübergang. Jeden Morgen standen sie dort. Sie wetteten immer aus welcher Richtung der Zug wohl kommen würde. Natürlich kam er immer von derselben Seite, aber das hielt sie nie davon ab zu wetten. Dann sahen sie den Zug. Und plötzlich raste ein 40-Tonnen-Lkw von hinten ungebremst in sie hinein. Der Fahrer hatte den Bahnübergang nicht gesehen. Das Auto flog durch die Bahnschranke bis ins Gleisbett. Es wäre noch weiter geflogen, wäre in dieser Sekunde nicht der verdammte Zug gekommen. Er hat das Auto mit sich gerissen. Und mit dem Auto meine Familie. Ich konnte mich nicht mehr von ihnen verabschieden. Ich habe sie nie mehr gesehen. Sie wurden anhand ihrer DNA identifiziert. Ich konnte sie ... nicht mehr ... sehen." Nun schluchzte Dana verzweifelt. Tag für Tag und Nacht für Nacht durchlebte sie die letzten Minuten ihrer Kinder, ihres Mannes, doch nie wurde es für sie leichter, nie wurde der Schmerz weniger.

Julian hielt sie in seinen Armen. Er wusste, keine Worte würden ihr Trost spenden können. Nichts würde ihr die Last von den Schultern nehmen können. Er fragte sich, woher sie überhaupt die Kraft nahm, jeden Tag aufzustehen. Aber wahrscheinlich kostete es sie mehr Kraft, sich jeden Abend ins Bett zu legen.

Es brauchte lange, bis Danas Tränen versiegt waren. Julian spürte, wie sie in seinen Armen einschlief. Er hatte ihr viel abverlangt. Der Schlaf würde ihr guttun. Als die Schwester das Mittagessen hereinbrachte, flüsterte er zu ihr, dass sie es nur abstellen sollte. Der Schlaf war für Dana jetzt wichtiger als das Essen.

6.

Dana wurde von hellem Sonnenschein geweckt. Sie wusste nicht, wo sie sich befand. Nur langsam gewöhnten sich ihre Augen an das helle Licht. Dann erkannte sie das Krankenzimmer. Sie lag allein im Bett. Wo war Julian? Wie spät war es? Sie versuchte gerade die Zeiger ihrer Uhr zu entziffern, da öffnete sich leise die Tür. Julian kam herein.

„Schön, du bist wach." Er trat zu ihr und küsste sie leidenschaftlich. Sie hatte den restlichen Tag und die gesamte Nacht geschlafen. Es war nur schwer vorstellbar, wie ausgelaugt ihr Körper sein musste.

„Wo warst du?"

„Sie haben mir die Fäden gezogen."

„Schon? Das wollten sie doch erst morgen machen."

Julian sah sie lächelnd an.

„Nein, nicht schon wieder. Ich kann nicht glauben, dass ich schon wieder so lange geschlafen habe."

Bitte, lass es nicht stimmen, bat sie, es blieben ihr doch sowieso nur noch wenige Stunden mit Julian und jetzt verschlief sie auch noch den Großteil davon. Warum musste ihr Körper ausgerechnet jetzt seinen Schlaf einfordern? Dann machte sich ein neuer Gedanke in ihrem Kopf breit. Sie hatte ihm alles erzählt. Ihr ganzes Leben dargelegt. Was mochte er nun von ihr denken? Ach, das konnte ihr schließlich egal sein. In wenigen Tagen würde er nach Hause reisen. Aus den Augen, aus dem Sinn. Vielleicht sollte sie die wenigen Stunden einfach leben und nicht so viel nachdenken.

„Ich habe keine Zahnbürste dabei", stellte sie fest.

Julian grinste und zog eine verpackte Einmalzahnbürste aus der Tasche seines Morgenmantels.

„Mit freundlichen Grüßen vom Personal des Krankenhauses."

Lachend griff sie nach der Bürste und verschwand damit im Bad. Dort stellte sie fest, dass Ruth, die Assistentin, ganze Arbeit geleistet hatte. Es schien Julian an nichts zu fehlen. Dann fiel ihr ein, dass Julian hier sicher ein Hotelzimmer gehabt hatte. So musste sie schließlich nur veranlassen, dass dieses geräumt und die Sachen nach hierher gebracht wurden. Ha, sie wäre eine prima Assistentin. Dana putzte sich die Zähne und wusch sich das Gesicht. Mehr konnte sie im Moment wohl nicht tun, obwohl die Dusche verlockend aussah. Sie zuckte mit den Schultern, fuhr sich durch ihr Haar und verließ das Bad wieder.

„Lust auf Frühstück?", fragte Julian, als sie wieder das Zimmer betrat.

„Ja, das hört sich toll an."

Julian hatte die Tabletts hergerichtet. Dana stellte fest, dass mittlerweile ein zweiter Nachttisch im Zimmer stand. Julian hatte sie rechts und links vom Bett aufgestellt. Die Tablettablage reichte nun über die gesamte Breite des Bettes, sie hatten eine wahrliche Festtafel. Beide setzten sich im Schneidersitz gegenüber voneinander auf das Bett. Zunächst schweigend begannen sie zu essen. Dana fragte sich, ob das wirklich das Standardfrühstück eines Krankenhauses war, das sie hier zu essen bekamen. Sie zweifelte es ernsthaft an.

Lächelnd blickte sie in die blauen Augen von Julian. Er hatte sich heute Morgen schon rasiert. Seine Haare waren perfekt, fast so als hätte sich ein Friseur darum gekümmert. Sie dachte an ihre Lockenmähne und schüttelte den Gedanken schnell wieder ab. Julian trug sein Haar oben länger, er hatte es aus der Stirn gekämmt. Im Nacken war es kurz. Julian erwiderte ihr Lächeln. Unter dem Tischchen durch suchte seine Hand nach der ihren. Als er sie gefunden hatte, schlossen sich seine Finger um ihre.

Sie hatten ihr Frühstück gerade beendet, da klopfte es schon wieder an der Tür. Hannah, die Schwester von der Intensivstation kam herein. Sie lächelte und übereichte Julian einen Umschlag.

„Was ist das?“, fragte er und nahm den Umschlag entgegen.

„Ihre Entlassungspapiere. Wir haben gelost. Ich bin die Glückliche, die Sie Ihnen überreichen darf!“, fügte sie augenzwinkernd hinzu.

Dana wurde blass. Entlassungspapiere, jetzt schon? Klar, das Krankenhaus behielt einen Patienten nicht länger als nötig, aber mussten sie ihn schon so früh entlassen?

„Alles in Ordnung?", fragte Hannah besorgt, als sie Danas Gesicht sah.

„Ja, ich glaube, ich habe nur zu viel gegessen, danke." Sie zog ihre Hand aus Julians Hand, schob den Tablettwagen beiseite und stand auf.

Sie versuchte, ihre Stimme gleichgültig klingen zu lassen, als sie fragte: „Sollte mein Mann nicht erst Morgen entlassen werden?"

„Doch, aber die Naht verheilt gut, das Sono zeigte keine Auffälligkeiten. Es gibt keinen Grund, ihn länger hierzubehalten."

„Natürlich."

Dana lief hinüber zum Fenster und schaute in den Krankenhausgarten. Im Sommer war es hier bestimmt toll, dachte sie sich. Nun der Sommer war vorüber. Und der Herbst zeigte sich nicht gerade von seiner besten Seite. Der Garten lag in trübem Licht. An einem sonnigen Tag, würde das bunte Laub sicher schön anzusehen sein. Der Tag heute war jedoch derart trist, dass man genauso gut auch glauben konnte, dass der Winter bereits begonnen hatte. Sie hörte, wie Hannah Julian alles Gute wünschte und sich dann verabschiedete.

Julian trat hinter sie, legte seine Arme um ihren Bauch und zog sie an sich heran. Auch er fand keine Worte. Was sollte er auch sagen? Nach einiger Zeit ließ er sie los und ging zu seinem Nachttisch. Sie sah, wie er sein I-Phone aus der Schublade herauskramte. Jetzt wird er sich seinen Flug buchen, dachte sie, und dann, dann wäre es das gewesen. Sie brauchte sich nichts vorzumachen, sie hatte gewusst, dass der Tag kommen würde, auch wenn sie den Gedanken immer wieder verdrängt hatte. Dana hörte, wie Julian etwas in den Hörer sagte, dass sie nicht verstand und dann wieder auflegte. Kurze Zeit später vibrierte das Gerät, er nahm das Gespräch an, sie hörte ihn nur danke sagen, dann war das Gespräch beendet.

„Dana, ich werde anfangen müssen zu packen. Sie werden mich hier nicht mehr lange sehen wollen."

Tapfer nickte Dana. Sie wandte sich vom Fenster ab und während Julian sich umzog, packte sie mechanisch den Koffer. Das Geräusch, das Julian mit dem Zuziehen des Reißverschlusses am Koffer erzeugte, hatte etwas Endgültiges an sich. Erneut musste Dana gegen ihre Tränen ankämpfen, verdammt, war sie früher auch so nah am Wasser gebaut? Nein, aber früher hatte sie auch nicht jeden Menschen verloren, der ihr am Herzen lag.

„Ich checke hier in ein Hotel ein, Dana. Ich möchte, dass du mit mir kommst, möchtest du das auch?"

Dana nickte nur. Zum ersten Mal sah sie ihn wieder an. Er sah unglaublich gut aus. Er hatte sich einen Anzug in dunklem Grau, fast Schwarz, angezogen. Das Hemd hatte einen helleren Grauton. Die Krawatte hatte er weggelassen. Die Kleidung saß wie maßgeschneidert. Ob sie das auch war? Wahrscheinlich, dachte Dana.

Gemeinsam verließen sie das Krankenhaus. Julian steuerte direkt auf den Taxistand zu.

„Ich bin doch mit dem Auto hier", erinnerte ihn Dana.

„Natürlich, ich habe nicht nachgedacht."

Dana führte Julian über den Parkplatz bis zu ihrem Auto. Sie öffnete den Kofferraum und lud den Koffer ein. Als sie im Auto saßen, fragte sie: „Welches Hotel?"

Als er den Namen und die Straße nannte, hob sie eine Augenbraue.

„Kenne ich, noble Absteige."

Damit startete sie den Motor und fuhr vor den Eingang des Hotels. Beide waren im Begriff auszusteigen, als auch schon ein Hotelpage angerannt kam. Nahezu ehrfürchtig blickte er zu Julian.

„Mr Dillon, schön Sie wieder bei uns zu sehen, ich hoffe, es geht Ihnen besser."

„Danke Markus. Parken Sie das Auto, das Gepäck ist im Kofferraum."

Dana sah, wie Julian dem Mann einen Geldschein in die Hand drückte. Dann ergriff er ihre Hand und ging mit ihr zur Rezeption. Die Dame am Check-In umsorgte Julian wie eine Glucke. Dana fragte sich, wie eine erwachsene Frau sich vor einem Mann so zum Affen machen konnte. Dann fragte die Empfangsdame in Danas Richtung blickend:

„Und wen darf ich noch auf das Zimmer anmelden? Sie waren alleine hier gebucht Mr Dillon."

„Meine Frau begleitet mich kurzfristig."

Dana hätte vor Lachen tot umfallen können, als sie sah, wie der eingebildeten Zicke die Gesichtszüge förmlich entgleisten und ihr aufgesetztes Lächeln in ihrem angemalten Gesicht gefror.

„Selbstverständlich." Sie händigte Julian die Zimmerkarte aus. „Ich hoffe, Sie haben einen angenehmen Aufenthalt in unserem Haus."

„Den werden wir haben", versprach Julian.

Dann legte er besitzergreifend einen Arm um Dana und zog sie an sich. Gemeinsam gingen sie zum Fahrstuhl. Als die Türen sich geschlossen hatten, bemerkte Dana: „Der hast du es aber gegeben." Dann musste sie doch lachen.

Julian hatte sie noch nie richtig lachen hören, das wurde ihm erst jetzt richtig bewusst. Viel zu schnell waren sie in der obersten Etage. Julian öffnete die Tür zu ihrem Zimmer. Im Flur stand bereits sein Koffer. Wie hatten sie denn das hinbekommen? fragte sich Dana. Dann sah sie sich im Zimmer um. Wow, wäre noch untertrieben. Die Suite verfügte über ein Schlafzimmer, das so groß schien wie das Erdgeschoss ihres Hauses. Das Bad konnte es locker mit der Größe ihrer Garage auf sich nehmen. Doch das Wohnzimmer schlug dem Fass den Boden aus. Noch nie hatte sie so viel Luxus gesehen. Sie drehte sich zu Julian um, der ihr gefolgt war.

„Wer bezahlt das hier?", fragte sie.

„Warum willst du das wissen?", erwiderte Julian

„Nur für den Fall, dass du dir vorstellst, wir teilen uns die Rechnung, ich fürchte ich kann mir nicht mal die Hälfte der Kosten leisten."

Julian lachte und zog sie in seine Arme.

„Keine Sorgen, teilen liegt mir nicht."

Sie standen nahe beieinander, blickten sich in die Augen. Dana registrierte beiläufig, dass sie, obwohl sie selbst über einen Meter fünfundsiebzig groß war, ihren Kopf in den Nacken legen musste, um Julian ansehen zu können. Er musste fast einen Meter neunzig groß sein. Als sein Mund sich ihrem näherte, stellte sie das Denken unvermittelt ein und dann verschloss er ihre Lippen und erstickte jeden weiteren Gedanken im Keim.

Zum ersten Mal küssten sie sich im Stehen. Ein Kribbeln durchfuhr seinen Körper. Er legte seine Hände um Danas Taille. So schlank, dachte er. Durch die dünne Bluse konnte er ihre warme Haut spüren. Er ließ seine Hände an ihrem Rücken hochwandern, ganz langsam, ertastete er jeden Zentimeter von ihr. Dann griff eine Hand in ihre dunkle Lockenmähne, zog ihren Kopf leicht zurück. Ein Stöhnen drang aus ihrer Kehle. Julians Zunge suchte sich ihren Weg in Danas Mund. Er spürte, wie er mehr wollte. Langsam zog er Danas Bluse aus der Hose, ließ seine Hände unter den Stoff wandern. Nun konnte er ihre nackte Haut, ihren nackten Rücken spüren. Ihre Haut war weich wie Samt.

Dana hielt Julian eng umschlungen. Vorsichtig streifte sie ihm das Jackett ab, ließ es achtlos zu

Boden gleiten. Noch nie hatte sie seinen Oberkörper berührt. War sie doch immer zu besorgt gewesen, ihm wehzutun. Nun konnte sie harte Muskeln spüren, die sich unter dem weichen Stoff des Hemdes abzeichneten. Sie ahnte, auf was das alles hinauslief. Sie war sich aber nicht sicher, ob sie die Notbremse ziehen wollte. Sie hatte sich vorgenommen zu leben. Dies war jetzt die Chance, sich selbst zu beweisen, dass sie es konnte. Auch wenn sie hinterher, wenn auch er sie verlassen würde, vermutlich erneut untergehen würde.

Julian öffnete schwindelerregend langsam einen Knopf ihrer Bluse nach dem anderen. Dabei küsste er jeden Zentimeter ihrer Haut, die er dabei freilegte. Behutsam streifte er die Bluse über ihre Schultern, zog sie herunter, befreite ihre Arme und ließ das Kleidungsstück zu Boden gleiten.

Mit zittrigen Fingern öffnete Dana die Knöpfe an Julians Hemd. Sie kam sich so ungeschickt vor. Sie war so nervös. Julian ergriff Danas Kopf und hob ihn sanft an. Er bedeckte ihren Mund mit Küssen, dann ihre Stirn, ihr Haar. Als er aufstöhnte, riss sie vor Schreck ihre Hände zurück.

„Habe ich dir wehgetan?“

„Nein, nein, du tust mir nicht weh, du tust mir gut.“

Vorsichtig zog Dana das Hemd aus Julians Hosenbund und ließ es auf das am Boden liegende Jackett fallen. Julian gab ihren Kopf frei und zog Dana an sich, hielt sie fest an sich gedrückt. Schließlich öffnete er den Verschluss ihres BHs und streifte auch diesen ab. Endlich berührte nackte Haut nackte Haut. Julian hätte so gerne so vieles gesagt, fand aber keine Worte. Vielleicht war es auch nicht nötig zu sprechen. Er sog ihren Duft ein. Dann führte er Dana langsam in Richtung Schlafzimmer. Er hielt sie noch immer fest an sich gedrückt, doch suchte nun sein Mund wieder den ihren. Als er rückwärts gegen das Bett stieß, legte er sich vorsichtig mit ihr nieder. Nachdem der Kuss geendet hatte, richtete Dana sich auf.

Nie hatte sie einen solch vollendeten Körper gesehen, sie zwar ein Stück seines Körpers beim Wechseln des Verbandes gesehen, wusste also, dass er kräftig war, dass er aber so durchtrainiert war, hätte sie sich nicht ihn ihren kühnsten Träumen ausgemalt. Sie sah von seinen starken Schultern hinunter zu seinem Bauch. Ihr Blick blieb auf dem länglichen weißen Pflaster hängen, das in der Mitte seines Bauches klebte. Sachte fuhr sie mit ihrem Zeigefinger die Konturen des Pflasters nach. Sie spürte, wie Julian unter ihrer Berührung erbebte. Konnte sie das wirklich nur mit ihrem Finger erreichen? Ihr Finger glitt an seinem Körper nach oben. Umkreiste die Muskeln, streichelte die glatte, erhitzte Haut.

„Du bist so schön“, entfuhr es ihr.

Julian stöhnte auf. Wieder zog sie ihren Finger zurück.

„Nein, nicht aufhören. Es tut nicht weh.“

War es möglich, dass sie Gefühle in ihm erweckte, die noch nie zuvor ein Mensch erweckt hatte? Julian hatte zuvor schon mit Frauen geschlafen, natürlich, er wusste auch, dass es mit keiner ernst werden konnte, aber dass es so schlecht gewesen war, hatte er nicht geahnt. Sein Körper stand in Flammen und dabei strich Dana lediglich mit einem Finger über seine Brust. Was würde geschehen, wenn sie weitergingen?

Julian zog Dana wieder zu sich herab und legte sie neben sich auf das Bett. Dann zog er ihr die Schuhe aus, und streifte seine eigenen gleich mit ab. Langsam öffnete er den Reißverschluss an Danas Hose. Er wollte nichts überstürzen. Wollte ihr die Möglichkeit geben die Sache abzubrechen, auch wenn ihn das vermutlich um den Verstand gebracht hätte. Dana sah ihm mit verschleierten Augen zu. Sie hob leicht die Hüften um ihm zu zeigen, dass er die Hose ausziehen konnte. Mit einem Lächeln auf den Lippen zog er die Hose herunter. Stück für Stück legte er ihre langen Beine frei. Schließlich zog er die Hose weg, warf die Socken hinterher. Dasselbe tat er mit seiner Hose und seinen Socken. Schließlich trug Julian nur noch seine Shorts während Dana in einem seidenen Höschen vor ihm lag.

Er ließ seine warmen Hände über ihren Körper gleiten, tastete, fühlte, massierte. Dana gab sich ihm voll hin. Sie spürte, wie sich seine Hand am Bund ihres Höschens zu schaffen machte. Dabei suchten seine Lippen die ihren, ließen wieder von ihr ab und machten sich erneut auf Entdeckungsreise, verweilten an ihren Brüsten. Mit einem Mal erschrak Dana, schob Julian fast grob zur Seite. Dieser blickte verwundert auf und sah sie fragend an.

„Wir haben nicht an Verhütung gedacht.“

Julian war wie vor den Kopf gestoßen. Ja, daran hatte er nicht gedacht. Dann öffnete er die Nachttischschublade und zog eine Packung Kondome hervor. Dana sah in fragend an.

„Gehört in diesem Haus wohl zum Roomservice“, erklärte er schulterzuckend, hob eine Augenbraue und grinste sie frech an. Was ihm vor ein paar Tagen noch komisch vorgekommen war, als er die Packung bei seinem letzten Aufenthalt gefunden hatte, kam ihm jetzt vor wie ein Geschenk des Himmels.

Dann setzte er die Entdeckungsreise auf Danas Körper fort. Sie küssten und streichelten sich und als keiner mehr länger warten konnte, kamen sie zueinander und versanken miteinander.

7.

Diesmal erwachte Dana neben Julian. Sein Arm lag schwer auf ihrem Oberkörper. Er schien tief und fest zu schlafen. Dana betrachtete ihn, wie er so friedlich neben ihr lag. Sie erinnerte sich, als sie ihn zum ersten Mal im Krankenbett sah, seine Haut so weiß wie die Laken. Unglaublich, was in der Zwischenzeit alles passiert war, wie sich alles entwickelt hatte. Was sollte sie nur tun, wenn er wieder abgereist war? Sie wusste es noch immer nicht. Sachte streichelte sie den Arm, der auf ihr ruhte. Blinzelnd schlug Julian die Augen auf.

„Hallo."

„Selber hallo."

Sie küsste ihn, bis der letzte Schlaf aus seinem Gesicht verschwunden war.

„Was denkst du?", wollte Julian wissen, als er den nachdenklichen Gesichtsausdruck von Dana sah.

Dana holte tief Luft und atmete langsam wieder aus. Sie schaute an die Decke, als könne sie dort die Antwort auf all ihre Fragen finden. Schließlich sah sie wieder Julian an. Erneut fragte sie sich, wie jemand solch kristallklare Augen haben konnte und dabei noch ein Gesicht als sei es von Engeln geküsst worden. Die über Nacht gewachsenen Bartstoppeln ließen ihn verwegen aussehen. Nie würde sie dieses Gesicht vergessen können und wenn sie hundert Jahre alt werden müsste. „Wann fliegst du zurück?“, beantwortete sie endlich seine Frage.

Julian zog sie wieder in seine Arme. Er zog und zerrte so lange, bis er ein Stück von der Decke auf der sie lagen, unter sich hervorziehen konnte und deckte sie beide damit zu.

„Ich werde in der Firma gebraucht“, begann er. „Ich bin schon viel zu lange weg.“

„Wann?“

„Ruth hat mir für morgen einen Flug gebucht. Den Nachtflug. So haben wir noch den Rest von diesem Tag und den morgigen Tag.“ Mehr gab es nicht zu sagen, was sollte er es auch schönreden. Ihre Zeit war abgelaufen.

Sie verbrachten die restlichen Stunden, die ihnen blieben, im Bett. Dort aßen sie, redeten miteinander und liebten sich. Mit Schlaf vergeudeten sie keine Zeit.

Am nächsten Abend brachte Dana Julian zum Flughafen, bevor ihre nächste Nachtschichtrunde begann. Nachdem Julian eingecheckt hatte, blieb ihnen noch eine halbe Stunde, bevor er endgültig durch die Passkontrolle musste. Sie suchten sich eine ruhige Ecke, soweit dies in einem Flughafenterminal möglich war. Dort überreichte Julian Dana eine kleine Schachtel. Dana nahm sie mit zitternden Händen entgegen. Sie schaute Julian an, als dieser nickte, hob sie den Deckel der

Schachtel an. Darin lag ein kleiner Kristallstern, der im künstlichen Licht des Flughafengebäudes in allen Farben des Regenbogens schimmerte.

„Ich möchte dir damit sagen, dass ich …", fast hätte Julian *dich liebe* gesagt. Gerade noch konnte er die Worte schlucken, die würden sie momentan nicht weiterbringen. „Dass ich … nun, ich habe nicht vergessen, dass ich dir versprochen habe, dass wir miteinander die Sterne anschauen werden. Ich weiß nicht, ob du es vergessen hast …"

„Wie könnte ich?"

„Ich habe mein Versprechen nicht einlösen können."

Dana musste den Kloß, der sich in ihrem Hals gebildet hatte, hinunterschlucken. Seine Worte machten ihr klar, dass dieses Versprechen wohl niemals eingelöst werden würde. Aber vielleicht war es besser so. Sie waren erwachsen und lebten in verschiedenen Welten. Vorsichtig schloss sie die kleine Schachtel wieder und steckte sie in ihre Hosentasche. Als sein Flug aufgerufen wurde, standen beide langsam auf. Ein letztes Mal nahm Julian Dana in seine Arme, ein letztes Mal küsste er sie. Nur schwer lösten sie sich voneinander. Der Flug wurde erneut aufgerufen.

Julian legte seine Wertsachen in den Behälter, der durch das Röntgengerät fuhr und passierte den Detektor. Auf der anderen Seite angekommen, drehte er sich noch einmal zu Dana um, führte seine Hand zu seinen Lippen und schickte ihr einen allerletzten Kuss vorbei an dem Zollbeamten.

Erst nachdem er seine Sachen an sich genommen hatte und weiter zum Boarding gegangen war, verließ Dana das Terminal. Den Start der Maschine wollte sie nicht mehr verfolgen. Sie machte sich auf den Weg zur Arbeit.

8.

Dana arbeitete die nächsten Nächte wie ferngesteuert. Sie antwortete ihren Kollegen, fing aber nie von sich aus ein Gespräch an. Sie bearbeitete ihre Notrufe, entsandte Hilfe wo sie gebraucht wurde, erteilte Rat wo dieser ausreichte. Sie schlief schlechter denn je. Zwar fiel sie nach jeder Schicht todmüde ins Bett, doch wurde sie nun in ihren Träumen von ihrem Mann, ihren Kindern und Julian aufgesucht. Was sie die letzten Tage an Gewicht zugenommen hatte, verlor sie rasch wieder. Sie machte sich nicht einmal mehr die Mühe etwas mit zur Arbeit zu nehmen, ließ sie es doch eh immer unangetastet in ihrer Tasche. Viele Stunden eines jeden Tages verbrachte sie auf dem Friedhof. Saß an den Gräbern ihrer Lieben, genoss die Einsamkeit und ließ ihren Tränen freien Lauf. Er hatte nicht einmal angerufen. Warum konnte er nicht einmal kurz Bescheid geben, dass er gut angekommen war? Klar, sie konnte es sich denken, schließlich hätte sie die Nachricht eines Flugzeugabsturzes erreicht. Trotzdem wäre es nett gewesen, er hätte sich einfach kurz gemeldet. Nun, vielleicht war er nicht nett. Sicher hatte sie sich grundlegend in ihm getäuscht. Wahrscheinlich war sie nicht mehr für ihn als ein Urlaubsflirt. Einer von vielen. Wahrscheinlich hatte er irgendwo ganze Wagenladungen kleiner Sterne, die er verschenkte.

Zu Beginn ihrer fünften und damit letzen Nacht ihrer Nachtschichtwoche ließ sie sich erschöpft in ihren Stuhl sinken. Sie wusste nicht, wie sie diese Nacht überstehen sollte. Über ihre Monitore hinweg sah sie ihre Kollegen, die sich auch gerade an ihren Arbeitsplätzen einrichteten. Sie begrüßte sie nickend. Die Nacht zog sich unendlich hin. Die Anrufe waren Routine. Zum Glück kamen so viele Anrufe herein, dass sie nicht gezwungen war, mit ihren Kollegen zu reden. Smalltalk fiel ihr zunehmend schwerer.

Gegen dreiundzwanzig Uhr kehrte langsam Ruhe an den Notrufplätzen ein. Erfahrungsgemäß würde es an einem Werktag wie heute bis gegen vier Uhr ruhiger zugehen. Die Straßen waren trocken, so dass auch nicht mit schwereren Unfällen zu rechnen war.

Als Dana aufsah, fiel ihr auf, dass ihre Kollegen sie immer wieder musterten. Sie benahmen sich heute wirklich komisch.

„Was ist, habe ich Creme im Gesicht? Warum schaut ihr mich immer so seltsam an?“, wollte sie wissen.

Doch alle drei bestritten vehement, sich anders zu benehmen als sonst. Johann begann damit, sein Essen auszupacken. Ein Blick zu Dana verriet ihm, dass sie wieder nichts dabei hatte. Kopfschüttelnd stand er auf.

„Ich werde dich bei Frank verpetzen, wenn du

nicht endlich etwas Nahrung zu dir nimmst“, drohte er und stellte ihr einen Teller mit einem Käsebrot und Gemüsescheiben auf den Schreibtisch.

„Danke“, murmelte sie, wobei sie ihn entscheiden ließ, ob der Dank dem Essen oder dem Verpetzen galt. Trotzdem aß sie ihren Teller artig leer. Als es auf Mitternacht zuging, stürmten Stefan und Christan zur Kaffeemaschine. Sie konnte es nach so vielen Jahren noch immer nicht verstehen, wie sie sich jede Nacht um die letzte Tasse des Klärschlamms, den die Kaffeemaschine produzierte, streiten konnten.

Punkt Mitternacht ging ein weiterer Notruf ein. Johann hob entschuldigend die Hände. Er hatte seinen Mund so voll, dass er kein Wort sagen konnte, die anderen standen um die Kaffeemaschine herum und stritten nach wie vor um die letzte Tasse, also nahm Dana das Gespräch an.

„Notruf der Rettungsleitstelle“, meldete sie sich und lauschte dem Anrufer.

„Entschuldigung, können Sie mir helfen?“, fragte eine männliche Stimme.

Danas Herz hämmerte los. Sie zwang sich zur Ruhe, du leidest doch unter Verfolgungswahn. Nur weil jemand Englisch spricht, denkst du gleich wieder an ihn. Wie viele englischsprachige Notrufe hast du in den letzten zehn Jahren abgearbeitet? Siehst du, unzählige!

„Was ist passiert?“, wollte sie von dem Anrufer wissen. Sie musste sich sehr konzentrieren, da die

Leitung sehr schlecht war.

„Ich habe etwas Wichtiges verloren."

„Was haben Sie verloren?", Dana versuchte herauszufinden, ob es wieder mal nur ein schlechter Scherz war oder, ob der Anruf ernst zu nehmen war. Ein Blick auf ihre Kollegen zeigte ihr, dass von ihnen niemand diesen Anruf tätigte. Sie kannte ihre Kollegen, es wäre nicht das erste Mal, dass sich einer aus dem Raum geschlichen und den Notruf gewählt hatte, um etwas Zeit zu totzuschlagen.

„Vielleicht habe ich es auch nur vergessen", antwortete der Anrufer.

Dana verlor langsam die Geduld. Konnte er nicht endlich auf den Punkt kommen?

„Was haben Sie denn vergessen oder verloren?"

„Ich wollte der Frau, die ich liebe, etwas sagen, ich wollte ihr sagen, dass ich nicht weiß, wie ich in der Vergangenheit ohne sie leben konnte. Ich habe aber schmerzlich erfahren, dass ich in der Gegenwart nicht ohne sie leben kann, geschweige denn, mir eine Zukunft ohne sie vorstellen. Ich liebe diese Frau mehr als mein eigenes Leben. Und nun habe ich sie verlassen, ohne ihr das alles zu sagen. Ich wollte ihr sagen: Ich werde dich immer lieben, werde immer für dich da sein, in guten wie in schlechten Tagen. Dana Wolf, ich möchte, dass du mit mir nach Hause kommst. Willst du das auch?"

Mit beiden Händen hielt Dana sich am Schreibtisch fest. Was zum Teufel war hier los? Hörte sie Gespenster? Denn so etwas musste es sein, warum wohl hörte sie die Stimme sonst wohl doppelt? Sie hatte sie doch doppelt gehört? Über ihren Kopfhörer und hinter ihrem Rücken. Wurde sie langsam verrückt? Plötzlich setzte sie sich kerzengerade auf. Dann drehte sie langsam ihren Stuhl in Richtung der Bürotür. Ihr Herz setzte einen Schlag aus. Im Türrahmen stand Julian. Lässig lehnte er gegen den Rahmen, sein I-Phone am Ohr. Mit einem Wisch über das Display beendete er das Gespräch, ließ das Gerät in seine Hosentasche gleiten und kam langsam auf sie zu. Wie in Trance erhob sich Dana aus ihrem Stuhl, zog ihr Mikrofon vom Kopf, ließ es auf ihren Schreibtisch fallen und ging ihm entgegen. In der Mitte des Weges fielen sie sich in die Arme. Julian küsste Dana zart und leidenschaftlich. Erst das Pfeifen und Grölen ihrer Kollegen holte Dana wieder in die Realität zurück.

Verwirrt sah sie sich um.

„Du hast mir noch keine Antwort gegeben“, sagte Julian und knabberte an ihrem Ohr.

„Antwort?“

„Ich habe dich gefragt, ob du mit mir kommen willst.“

Dana sah Julian lange an. Sie konnte Angst und Hoffnung, aber auch Liebe in seinen Augen lesen. Plötzlich wusste sie, was sie wollte. „Ja.“

Ein unglaublicher Tumult brach aus. Alle stürmten auf die beiden ein und redeten wild durcheinander. Plötzlich waren auch Frank und Hanni im Raum, die sich die Augen trockentupfte.

„Was macht ihr denn hier?“, fragte Dana die

beiden. Doch da dämmerte es ihr auch schon.

„Ihr wusstet alle Bescheid? Seit wann bist du hier?“, fragte sie Julian.

„Seit dem frühen Abend. Ich wollte aber erst mit Frank sprechen, immerhin wird seine Tochter weit weg sein, dann musste ich deine Kollegen hier bestechen. Sie willigten schließlich ein mitzuspielen. Und eins kann ich dir sagen, du hast hier zähe Verhandlungspartner um dich herum, Kleines. Ich fürchte, wir schulden allen einen Urlaub. Außerdem musste Frank mir deinen Pass besorgen. Du hast jetzt ein nagelneues Visum. Und dein Chef gewährt dir erst mal unbezahlten Urlaub.“

Dana lief ein Schauer über den Rücken. War es richtig, so kurz nach dem Verlust ihrer Familie sich wieder an einen Mann zu binden? Was hätte Mark an ihrer Stelle getan? Er hätte sich bestimmt nicht der Nächstbesten an den Hals geworfen und das Land verlassen. Das Land verlassen? Das hatte sie auch noch nicht durchdacht. Konnte sie nicht nur in einem anderen Land, nein, auf einem anderen Kontinent leben? Ein Land, das sie nur aus Romanen und Filmen kannte? Dessen Rechtssystem sie genauso wenig verstand wie die Sprache?

Frank schien die Zweifel in ihrem Gesicht zu lesen. Er nahm Dana zur Seite.

„Kind, lass nicht immer deinen Verstand arbeiten. Vielleicht ist es jetzt an der Zeit auch mal dein Herz entscheiden zu lassen. Ich glaube mit Julian an deiner Seite kannst du glücklich werden. Sieh dir doch erst mal alles an. Wenn alle Stricke reißen, bist du schnell wieder hier.“

So gesehen hatte Frank recht. Sie schaute zu den anderen Menschen im Raum. Irgendjemand hatte Champagner organisiert, den Julian gerade in weiße Plastikbecher schenkte. Dana stand auf Männer mit Stil. Lächelnd ging sie zu ihm. Langsam wurde ihr klar, dass sie sich von ihren Freunden und Kollegen verabschieden musste.

9.

Der Flug nach New York ging schon am Abend. Dana war gerade genug Zeit geblieben, sich von allen zu verabschieden und zu packen. Die längste Zeit verbrachte sie auf dem Friedhof. In aller Ruhe verabschiedete sie sich erneut von ihren Kindern und ihrem Mann. Dana war alleine zu den Gräbern gegangen. Julian wartete mit Frank und Hanni bei deren Auto. Diese letzten Minuten brauchte Dana für sich alleine. Zumal sie nicht wusste, wann sie ihre Lieben wieder besuchen können würde.

Während er auf Dana wartete, dachte Julian an das, was er vor wenigen Stunden gesehen hatte. Er war zunächst von dem Anblick des Hauses, in dem Dana wohnte, angetan, ein hübsches Haus in einer hübschen Nachbarschaft. Als er jedoch hinter Hanni und Frank ins Haus trat, blieb er erschrocken stehen. Frank spürte das wohl, er führte Julian an dessen Arm nochmals kurz hinaus in den Vorgarten.

„Früher war das ein buntes, fröhliches Haus. In den letzten Monaten hat sie alles Bunte und Schöne aus ihrem Leben gestrichen. Es ist jetzt an dir, dafür zu sorgen, dass sie es wieder in ihr Leben lässt." Damit klopfte er Julian auf den Rücken und ging wieder ins Haus. Die Tür ließ er offen stehen.

Er überließ es Julian, ob dieser ihm folgen würde.

Schließlich betrat er das Haus. Er sah sich in den Zimmern des Erdgeschosses um. Doch eigentlich gab es nichts zu sehen. Alles war grau in grau. Zwar herrschte überall peinliche Ordnung, aber dieser Zustand machte dieses Haus erst recht eher zu einem Mausoleum, denn zu einem Heim. Schließlich sah er die Treppe, die nach oben führte. Als er nach dem Geländer griff, kam Frank zu ihm.

„Keiner war je wieder hier oben, seit sie alleine lebt. Vielleicht wäre es ihr nicht recht, wenn du damit anfangen würdest. Dort oben befinden sich die Kinderzimmer und das einstige Schlafzimmer. Außerdem hat sie sämtliche Möbel, die früher hier unten standen hochbringen lassen."

Julian nickte und wandte sich von der Treppe ab. Gemeinsam mit Frank ging er ins Schlafzimmer, wo Dana mit Hanni damit beschäftigt war, Danas Kleidung in zwei Koffer zu packen. Zwei Koffer, mehr brauchte es wohl nicht, um ein Leben hinter sich zu lassen, ging es Dana durch den Kopf, als sie den zweiten Koffer schloss.

Sie wandte sich an Julian und nickte. Dana war bereit für den neuen Abschnitt Amerika.

Die Sitze der ersten Klasse boten viel Komfort. Nie zuvor war Dana first-class geflogen. Sie hoffte nur, dass Julian sich nicht finanziell übernahm, nur um sie zu beeindrucken. Dana saß am Fenster und schaute hinaus, als die Maschine startete und die Menschen, Autos und Gebäude unter ihr immer kleiner wurden. Eigentlich, so dachte sie, sollte sie jetzt doch melancholisch werden. Doch dieses Gefühl blieb aus. Sie dachte an Hanni und Frank, die jetzt da unten standen und ihr hinterher sahen. Trotz aller Vorsätze war der Abschied schwer gefallen. Unter Tränen hatte sie den beiden noch einmal zugewunken bevor sie an Julians Seite durch die Glastüren in die Abflughalle getreten war. Die Lichter unter ihr wurden immer schwächer. Sie drehte sich zu Julian, der sie wohl beobachtet hatte.

„Auf, in ein neues Leben“, sagte sie leise zu ihm und konnte nur hoffen, dass sie zuversichtlicher klang, als sie sich fühlte. Denn, auch wenn ihr nicht melancholisch zumute war, ein Grummeln im Bauch hatte sie schon.

„Dana, ich weiß, was du alles für mich aufgibst. Ich hoffe, dich niemals zu enttäuschen. Mir ist klar, dass du es nicht immer leicht, oft sogar schwer haben wirst. Ich kann dir nur versprechen, dass ich immer für dich da sein werde. Ich liebe Dich.“

„Ich liebe Dich“, erwiderte Dana und küsste ihn. So lange hatte sie diese Worte nicht mehr gehört, nicht mehr ausgesprochen. Sie schmiegte sich an ihn. Langsam machte sich das Schlafdefizit bemerkbar. Nur wenige Augenblicke später war sie eingeschlafen. Auch Julian kämpfte nicht mehr länger gegen die Müdigkeit an. Sie erwachten erst wieder als die Lämpchen aufblinkten, die zum Anlegen der Gurte aufforderten. Die Flugbegleiterin stellte sicher, dass die Lehnen ihrer Sitze aufrecht waren. Verschlafen blinzelte Dana zu Julian, der ebenfalls sichtlich mit der Orientierung zu kämpfen. Hatte.

Ein Blick aus dem Fenster zeigte tiefdunkle Nacht. Sie konnte Millionen von Lichtern unter sich sehen. Das war also New York von oben. Zu Hause war es jetzt schon Morgen. Hier war die Nacht noch jung.

Dana stellte erfreut fest, dass Passagiere, die erster Klasse flogen, auch bei der Einreise und der Ausgabe des Gepäcks bevorzugt behandelt wurden. Der Beamte der Einreisebehörde begutachtete ihren Pass nur mit mäßigem Interesse, drückte seinen Stempel auf eine leere Seite und nahm das Formular entgegen, dass sie zur Einreise hatte ausfüllen müssen.

Als sie die Zollkontrolle hinter sich gelassen hatten, lief Julian geradewegs auf einen Mann zu, der in der Halle stand.

„Hi, Bri“, rief er.

Der Mann drehte sich um, erkannte Julian und kam mit schnellen Schritten auf ihn zu.

„Julian, ich hoffe ihr hattet einen guten Flug.“ Er tippte sich an die Stirn, um Dana zu begrüßen und nahm die beiden Koffer, mit denen Dana eingereist war.

„Sie reisen aber mit leichtem Gepäck“, stellte er mit einem Blick auf Dana augenzwinkernd fest. „Ich bin Brian. Ich bin Mr Dillons Mädchen für alles, auch wenn er es nicht wahrhaben möchte.“

Noch bevor jemand etwas erwidern konnte, drehte er sich um und ging auf die Ausgangstüren zu.

Schmunzelnd, mit Dana an seiner Seite ging Julian hinterher.

„Ich habe direkt vor der Tür einen Parkplatz bekommen. Um diese Uhrzeit ist das immer leicht", rief Brian und war schon durch die Tür.

Dana sah verdutzt zu Julian.

„In den letzten Jahren ist es mir nicht gelungen, ihm Manieren beizubringen. Aber er ist einfach unersetzlich, sonst hätte ich ihn schon längst gefeuert", sagte Julian in entschuldigendem Ton und verließ mit Dana an der Hand das Flughafengebäude.

10.

Brian hatte die Koffer bereits im Kofferraum verstaut. Er schlug gerade die Heckklappe des Geländewagens zu, als Dana und Julian durch die Tür ins Freie traten. Dana staunte nicht schlecht als sie den Audi sah. Sie hatte schweren Herzens ihren geliebten Q5 zurückgelassen, dass sie jetzt in einen Q7 einsteigen durfte, dessen Scheiben, mit Ausnahme der Frontscheibe, schwarz wie die Nacht getönt waren, hob ihre Stimmung. Vielleicht würde sie Brian überreden können, dass er ihr mal seinen Wagen lieh.

Dana setzte sich hinten in den Wagen und war erstaunt, dass auch Julian bei ihr einstieg, sie hatte gedacht, dass er vorne mitführe. Dann sah sie aber, dass Julian eine Ablage, die an der Lehne des vorderen Sitzes, ähnlich wie gerade im Flugzeug, montiert war, herausklappte und sein Notebook darauf abstellte und es hochfuhr.

„Versuch noch etwas zu schlafen, ich muss nur dringend ein paar Dinge checken."

Klar, er hatte seine Arbeit ihretwegen wieder mehr als einen Tag vernachlässigt. Fasziniert beobachtete sie, wie Julian binnen Sekunden Texte und Statistiken las, parallel dazu E-Mails las und gleich noch beantwortete. Er hatte sein Jackett ausgezogen und die Ärmel seines Hemdes hochgekrempelt. Dana sah Julians muskulöse Unterarme, seine kräftigen Hände mit den geschickten Fingern, die flink über die Tastatur glitten. Sie wusste, wie geschickt diese Finger waren. Dana schluckte. Sie musste sich förmlich dazu zwingen ihren Blick von ihm abzuwenden und nach draußen zu sehen. Nie hatte sie so viele Lichter gesehen. Langsam ließen sie New York hinter sich. Brian erklärte ihr, dass sie ungefähr achtzig Meilen nördlich von New York an ihr Ziel kommen würden.

Ein Blick zu Julian verriet ihr, dass sie mit ihm die nächste Zeit wohl nicht reden konnte. Doch das machte nichts, so konnte sie ihren Gedanken freien Lauf lassen und dabei die dunkle Silhouette der vorbeifliegenden Landschaft genießen. Ab und zu kam ihnen ein anderes Fahrzeug entgegen. Es war jetzt drei Uhr morgens, sie war hellwach, ihr Biorhythmus war definitiv schwer in Mitleidenschaft geraten. Sie fragte sich, was sie wohl erwarten würde. Mittlerweile wusste sie, dass in Julians Haus bislang keine Frau gewohnt hatte.

Sie erinnerte sich noch daran, wie verwundert sie war, als er ihr dies in einem ihrer Krankenhausgespräche gestanden hatte. Andererseits war die Richtige offensichtlich noch nicht in sein Leben getreten. Die Richtige. War sie die Richtige für ihn?

Wieder versuchte sie sich das Bild eines Männerhaushaltes in Gedanken auszumalen. Sie wusste nur zu gut, wie es bei ihr früher aussah, wenn sie nach einer Nachtschichtwoche wieder am Familienleben teilnahm, kannte die Dimensionen der Wäscheberge, die sich in dieser Zeit angehäuft hatten, die Berge von Spielsachen, die auf dem Fußboden verstreut lagen. Obwohl sie wusste, dass Mark sein Bestes gab, war es ihm nie gelungen, einigermaßen Ordnung zu halten. Was ihm jedoch jedes Mal auf das Neue gelungen war, war ihre Küche umzustrukturieren. Als sie ihn irgendwann einmal danach gefragt hatte, warum er die Dinge nicht einfach wieder dahin zurücklegte, wo er sie her hatte, meinte er schulterzuckend: „Ich geb mir große Mühe, aber es will mir einfach nicht gelingen, mir zu merken, wo ich sie herhabe." Den Einwand, dass er diese Begabung bei seinem Werkzeug sehr wohl hatte, ignorierte er schlichtweg. Nun, was hatte sie da sagen sollen?

„An was denkst du gerade?", riss Julian sie aus ihren Gedanken.

Dana war nicht aufgefallen, dass er aufgehört hatte, seine Tastatur zu malträtieren.

„Nichts Bestimmtes", erwiderte sie.

„Du hast bei nichts Bestimmtem aber gelächelt."

„Tatsächlich? Das war mir nicht bewusst."

Hatte die Erinnerung an Mark sie wahrhaftig lächeln lassen? Bisher war jeder Gedanke an ihre Vergangenheit mit einem Tränenausbruch erstickt worden. Bedeutete das, dass sie langsam den Schmerz verarbeiten konnte?

Julian beugte sich zu Dana hinüber und hauchte

ihr einen Kuss neben ihre Lippen. Schließlich küsste er sie, mit einer Leidenschaft, die ihr Blut in Wallung brachte.

„He, Leute, könnt ihr euch nicht beherrschen? Ihr seid schließlich nicht alleine“, rief Brian von vorne.

Mit rotem Kopf schob Dana Julian von sich.

„Entschuldigung“, murmelte sie.

„Du wirst dich nicht beim Personal entschuldigen! Bri, sei still, sonst streiche ich dich von meiner Gehaltsliste“, schimpfte Julian.

Dana wusste nicht, ob die beiden nur miteinander scherzten, oder ob es Julian ernst damit war. Aber er würde doch nicht einfach so jemanden auf die Straße setzen, oder? Wieder einmal wurde ihr klar, dass sie noch so vieles nicht von Julian wusste.

„Weißt du Dana, als Julian im Krankenhaus war und wir so lange nichts über seinen Gesundheitszustand erfahren haben, hat uns das fast um den Verstand gebracht. Als er dann nach Hause kam und mit seinen ständigen Wutausbrüchen fast das gesamte Personal verscheucht hat, hätten wir ihn liebend gerne wieder an den Absender zurückgeschickt. Jetzt bin ich froh, dass du ihn an der Backe hast und er uns nicht mehr tyrannisiert.“

„Pass auf was du sagst, Kumpel“, gab Julian zurück.

Als Dana dann sah, wie er sich nach vorne beugte und Brian das Haar verstrubbelte, wurde ihr klar, dass es sich hier um Frotzeleien unter dicken Freunden handelte.

„Und pass auf mein Auto auf, du fährst wie ein Henker!“, setzte Julian noch obendrauf.

Oh, dann war das also Julians Wagen. Nun, dann würde sie ihn bitten, sich ihn mal ausleihen zu dürfen. So flexibel war sie.

Plötzlich riss Brian das Steuer herum und bog scharf rechts ab.

„Was zum Henker tust du?“, rief Julian, der gerade noch sein Notebook auffangen konnte.

„Sorry Leute, aber da vorne leuchten die Lichter eines Schnellrestaurants und ich weiß nicht wie es euch geht, ich sterbe aber gleich vor Hunger.“

Damit fuhr Brian auf den leeren Parkplatz des hell erleuchteten Imbisses und stellte den Motor ab.

„Daran hättest du auch schon vor fünf Minuten denken können und die Ausfahrt wie jeder andere nehmen können.“

„Ich bin eben ein spontaner Typ.“

Damit öffnete Brian Danas Tür. „Darf ich behilflich sein, schöne Frau?“, fragte er eine Verbeugung andeutend.

„Nimm deine Finger weg, das ist meine Frau.“

„Mag sein, aber während du noch mit dem Gurt kämpfst, führe ich die Lady schon mal aus.“

Damit löste er Danas Gurt, nahm ihre Hand und zog sie aus dem Wagen. In dem Moment hatte Julian seinen eigenen Gurt gelöst und hastete aus dem Wagen. An der Tür des Restaurants fing er die beiden ab.

„Das kann ja heiter werden. Du lässt mich für einen Burger sitzen?“, fragte er Dana mit einer bühnenreifen Ungläubigkeit in seiner Stimme.

„Schätzchen, für einen Burger würde ich über Leichen gehen", ließ sich Dana auf das Spiel ein.

Brian verriegelte mit der Fernbedienung den Wagen und lachend gingen sie zur Theke, um ihre Bestellungen aufzugeben. Als Dana nach ihrem Geldbeutel griff, blieb Brian der Mund offen stehen. Mit großen Augen wechselte sein Blick von Dana zu Julian.

„Lass mal, Liebes, ich übernehme das", hauchte er ihr ins Ohr.

„Danke."

Brian überlegte, ob er wohl im falschen Film war. Noch nie hatte er erlebt, dass irgendeine Frau mit der Julian aus war, auch überhaupt nur einen Gelbbeutel dabeigehabt hatte, geschweige denn, auch nur andeutungsweise irgendeine Rechnung bezahlt hätte.

Kopfschüttelnd ging er hinter den beiden her und setzte sich zu ihnen an den Tisch. Julian hatte das Tablett in der Mitte des Tisches abgestellt.

„Ähm, Julian, du musst das nicht immer tun", fing Dana vorsichtig an.

„Was meinst du", fragte er, während er sich Pommes in den Mund steckte.

„Du musst nicht alle meine Rechnungen bezahlen. Du hast den Flug, das Hotel einfach alles bislang bezahlt. Ich weiß nicht, wie ich damit umgehen soll. Ich habe hier zwar noch keine Arbeit aber, das heißt doch nicht, dass du mich aushalten musst."

Brian verschluckte sich an seiner Coke. Während

Julian ihm mit einer Hand auf den Rücken klopfte, sah er Dana an. Schließlich legte er seinen Burger aus der anderen Hand und nahm Danas Hände.

„Dana, es ist in Ordnung. Ich bezahle diese Dinge, weil ich sie schon immer bezahlt habe, nicht, weil ich dich aushalten will. Ich will dir auch nicht das Gefühl geben, dass du nicht bezahlen könntest“, er strich sich jetzt mit einer Hand durch das Haar. „Oh Mann, du machst mich echt sprachlos. Ich weiß nicht, wie ich es erklären soll. Vielleicht muss es dir erst mal genügen zu wissen, dass ich diese Kleinigkeiten gerne bezahle.“

„Kleinigkeiten? Julian, wir sind erster Klasse hierher geflogen. Ein Interkontinentalflug! Das Hotelzimmer, der Stern. Julian, das sind keine Kleinigkeiten!“

„Scheiße Mann!“, mischte sich Brian ein. „Sag mal Julian, hat sie keine Ahnung?“

Fragend blickte Dana zu Brian. „Was meinst du?“

Julian ließ sich in einen Stuhl sinken.

„Du weißt schon, dass Julian eine Firma hat, oder?“, fragte Brian vorsichtig. Als Dana nickte, fuhr er fort: „Dana, sagt dir Dillon Enterprices etwas?“

„Ich fürchte nicht.“

„Klar, in Europa sind wir wohl nicht so bekannt. Aber in Amerika gehört Dillon Enterprices zu den zehn mächtigsten Unternehmen.“

Das saß. Dana lehnte sich nun auch zurück und schaute Julian an.

„Wolltest du lediglich sicherstellen, dass ich dich und nicht dein Geld liebe, oder wolltest du mich zum Narren halten? Mich als importiertes Dummchen auf die Menschheit loslassen?", fragte sie mit messerscharfer Stimme. Oh Gott, sie kam sich so bescheuert vor. Da saß sie einem Mann gegenüber, der wahrscheinlich über mehr Geld als funktionsfähige Gehirnzellen verfügte und hatte Minuten zuvor noch angeboten, ihren Burger selbst zu bezahlen! Nun ja, sie würde sich davon nicht den Appetit verderben lassen. Schon gar nicht, wenn das Essen bezahlt war.

Sie wickelte ihren Burger aus und biss genüsslich hinein. Brian schien sich zuerst zu erholen. Er lachte, bis sich seine Augen mit Tränen füllten. Und immer wieder, wenn er zu seinem Kumpel sah, musste er erneut loslachen.

„Schön, dass sich wenigstens einer amüsieren kann", blaffte Julian ihn schließlich an.

„Eigentlich amüsiert mich deine Freundin mehr!", an Dana gewandt fuhr er fort: „Du hast nicht zufällig noch eine Schwester?"

„Halt jetzt die Klappe, Blödmann", fuhr Julian dazwischen.

„Dana es tut mir leid …"

„Was?", schnitt sie ihm ins Wort, „dass ich es hier erfahren habe oder dass ich es überhaupt erfahren habe?"

„Was hätte ich dir sagen sollen? Oder, wann hätte ich es dir sagen sollen? Als ich auf der Wiese lag? Als ich im Krankenhaus aufgewacht bin? Als ich mit dir geschlafen habe? He, du bist gut, aber ich bin reich? Hätte dir das gefallen? Ach, Verdammt.

Entschuldigung“, Julian unterbrach sich selbst. „Das war geschmacklos.“

„Da kann ich dir nicht widersprechen. Ich habe damit keine Erfahrungen. Wie gehst du sonst in so einer Situation mit einer Frau um? Wann sagst du es ihnen normalerweise?“

„Dana, ich hatte so eine Situation noch nie“, Julians Tonfall war drängend, verzweifelt.

Plötzlich dämmerte es Dana. Klar, die Frauen dieses Landes kannten ihn, vermutlich sahen sie sein Gesicht täglich im Wirtschaftsteil der Zeitung. Sie wussten, was für ein Fisch ihnen ins Netz gegangen war. Sie benutzten ihn alle nur. Nun war ihr auch klar, warum noch keine Frau vor ihr bei ihm gewohnt hatte. Plötzlich wurde ihre Kehle trocken und schnürte sich zusammen. Schwer schluckte sie ihr Essen hinunter. Dann stand sie auf und ging um den Tisch herum. Sie glitt auf seinen Schoß und blickte ihm in die Augen. Würde sie sich an diesem Blau jemals sattsehen können? Sachte küsste sie ihn. Dann hob sie ihren Blick, schaute in Brians Gesicht und meinte: „Schau weg und iss!“, und wandte sich wieder Julians Lippen zu. Der verzog sie jedoch und konnte nur schwer ein Lachen unterdrücken.

„Kleines, ich weiß nicht womit ich dich verdient habe. Aber was ich mir nie verzeihen werde ist, dass ich dich erst jetzt gefunden habe.“

Scherzend und lachend beendeten sie ihr Essen. Dann machten sie sich auf den Weg nach Hause.

11.

Inzwischen setzte langsam die Dämmerung ein. Dana konnte das Meer sehen, wenn sie nach rechts schaute und weite Landschaften erstreckten sich vor ihr, wenn sie nach links schaute. Sie hatte zuvor ein Schild gesehen, das ihr sagte, dass sie auf der Interstate 95 fuhren. Irgendwann verließ Brian den Connecticut Turnpike. Nach einigen Minuten stellte Dana fest, dass die Häuser größer wurden, dann wurden die Grundstücke größer, die Häuser waren von der Straße aus fast nicht mehr zu sehen. Brian hielt vor einem Tor. Rechts und links ragten hohe, efeubewachsene Mauern auf. Mittels Fernbedienung öffnete er das Tor und ließ den Wagen langsam durch die Einfahrt rollen. Sie fuhren eine, wie es schien, endlose Zufahrt entlang. Neben ihnen standen Bäume, die die Zufahrt wie eine Allee umschlossen. Dann ließen sie die Bäume hinter sich und die Straße endete in einem großen Platz. Vor ihnen lag ein Brunnen aus dem im Sommer wohl Wasser aus verschiedensten Skulpturen emporsprang. Brian steuerte den Wagen um den Brunnen herum und kam vor dem Eingangsportal eines Hauses von gigantischen Ausmaßen zum Stehen.

Langsam stieg Dana aus. Sie hielt sich an ihrer

Tür fest und blickte über das Dach des Autos hinweg das Haus an. Über zwei Stockwerke ragte es vor ihr in die Höhe. Wobei es wohl die Übertreibung des Jahres war, dieses Gebäude als Haus zu bezeichnen. Sie hatte schon Schlösser besichtigt, die kleiner waren. Zu der massiv wirkenden Holztür führten mehrere Stufen. Da diese vom Fahrzeug verdeckt waren, konnte sie nur erahnen, wie viele es waren, vielleicht vier oder fünf. Die Tür war doppelflügelig. An der rechten Hälfte war ein kupferfarbener Türklopfer befestigt. Die Steine aus denen das Gemäuer war, erinnerten Dana an die Blöcke, aus denen die Pyramiden gefertigt worden waren. Große Fenster zogen sich über beide Etagen. Ansonsten wirkte die Fassade eher nüchtern. Fast war sie enttäuscht, keine Löwenköpfe oder Büsten eingearbeitet zu sehen. Stattdessen schmückten lediglich Simse aus dem gleichen Stein die Fenster. Die Fenster waren umschlossen von Rahmen aus Stein. Langsam trat Dana um das Fahrzeug herum, unter ihren Füßen knirschte der Kies. Nun konnte sie die Stufen sehen. Es waren tatsächlich fünf. Als nächstes fielen ihr zwei Blumenkübel astronomischen Ausmaßes auf, in denen rechts und links der Treppe Buchsbäume wuchsen.

Nahezu lautlos öffnete sich die Tür. Dana blickte wie gebannt und wartete darauf, was sie als Nächstes sehen würde. Fast erwartete sie einen steif wirkenden alten Mann in genauso steif sitzendem Frack mit weißem Tuch über dem

Unterarm.

Womit sie gar nicht gerechnet hätte, war der Wirbelwind, der die Treppe hinuntergesaust kam.

„Da seid ihr endlich, ich hatte euch schon vor über einer Stunde erwartet!“

Die ältere Frau fiel zuerst Brian um den Hals und dann Julian.

„Mutter, du benimmst dich, als wären wir jahrelang weggewesen“, meinte Brian schmunzelnd.

„Ach, das verstehst du erst ...“

„... wenn du auch Kinder hast“, fiel Brian ihr ins Wort und beendete den Satz.

„Ungehobelte Bande.“ Die Frau lachte und drehte sich dann zu Dana. „Und Sie müssen Dana sein. Ich freue mich so, Sie kennenzulernen.“

Dana war unsicher. Sie wusste nicht, dass Brian und seine Mutter bei ihnen wohnen würden. Wieder einmal fragte sie sich, was sie überhaupt wusste.

„Ich freue mich auch, Sie kennenzulernen ...“ Mist, hatte ihr irgendjemand gesagt, wie Brian mit Nachnamen hieß? Männer!

„Nennen Sie mich einfach Marie. Ich bin hier für die Küche und den Haushalt zuständig. Wenn also etwas fehlt oder Sie etwas wünschen, sagen Sie es mir und ich werde es finden.“

Marie hatte vor Aufregung gerötete Wangen.

„Schön, also Marie, ich bin Dana.“

„Mutter komm, lass uns erst mal ins Haus gehen. Ich glaube Julian muss Dana noch vieles zeigen, bevor du sie mit Beschlag belegen kannst.“

An Julians Arm ging Dana die Stufen hinauf und trat vor Julian ins Innere des Hauses. Sie betrat die Eingangshalle. Diese erstreckte sich vor ihr wie ein Ballsaal. Sie war rund, der Boden war mit dunklem, auf Hochglanz poliertem Holz belegt. Eine massive doch nicht bedrohlich wirkende Treppe führte ins obere Stockwerk. Die Wände waren hell und reichten bis ins zweite Geschoss hinauf. Riesige Fotografien von den unterschiedlichsten Naturschauspielen zierten die Wände. Hinter einer Wandverkleidung befand sich ein begehbarer Wandschrank, in den Julian Danas Jacke hängte.

„Komm, lass uns erst mal in die Küche gehen", schlug Julian vor, der sich an ihr Heim erinnerte, das sie zurückgelassen hatte. Ihr Heim und ihr Leben. Er konnte nur hoffen, dass er sie nicht verlieren würde. Das alles musste sich wie ein Albtraum für sie gestalten, aus dem sie nicht aufwachte und der mit jedem Schritt schlimmer wurde.

Julian zog sie durch eine Tür, die in die Küche führte. Wieder wurde Dana eines besseren belehrt. Julian hatte also keine Junggesellen-Küche in der sich leere Pizzakartons und Bierflaschen stapelten. Er hatte eine Küche aus edelsten Materialien. Holz verband sich mit Glas und Edelstahl. Die Arbeitsplatten waren aus schwarzem Granit. Ein großer Tisch mit einer Eckbank sowie zahlreichen Stühlen standen der Kochinsel gegenüber. Geradeaus blickte sie auf eine Fensterfront, die die gesamte Wand einnahm. Die Sicht nach draußen blieb ihr verwehrt, da der Himmel noch zu dunkel war und die Scheiben lediglich den Raum reflektierten.

Julian führte Dana zu der Eckbank und wartete, bis sie saß. Dann ging er zur Kaffeemaschine und wählte ein Programm. Er schob eine Tasse unter den Auslauf der Maschine und drückte die Starttaste. Das Mahlwerk mahlte erstaunlich leise, kurze Zeit später kam er mit einer Tasse Kaffee zurück und stellte sie vor Dana ab.

„Trinkst du keinen?“, fragte sie.

„Nein, ich denke, ich sollte jetzt erst einmal über ein paar Dinge mit dir reden.“

Er streichelte Dana mit dem Daumen über die Wange. Wie konnte sie wissen, dass sein Magen auch ohne Kaffee derart flatterte, als hätte er ihn literweise getrunken.

„Vor zehn Jahren habe ich meine Firma gegründet. Damals fing ich ganz klein an. Ich kaufte Artikel aus Insolvenzmassen billig auf und verkaufte sie weiter. Eine simple Sache, man muss dafür kein Genie sein. Schon hunderttausend andere haben das vor mir getan. Nach einiger Zeit erweiterte ich meinen Betrieb, machte dasselbe mit Immobilien, mit Firmen und so weiter. Ich stellte weitere Mitarbeiter ein, zog in größere Büroräume um und kaufte mir schließlich dieses Haus. Marie stand eines Tages vor meiner Bürotür. Sie lieferte sich ein heftiges Wortgefecht mit Ruth. Die beiden wurden so laut, dass ich aufstand und zur Tür ging. Ruth entschuldigte sich sofort. Marie weckte mein

Interesse, ich ließ sie ins Büro."

Julian machte eine Pause und schmunzelte, als er seiner Erinnerung nachhing.

„Jedenfalls sagte sie mir, dass sie in der Zeitung gelesen habe, dass ich dieses Haus gekauft habe und sie nun seit drei Tagen auf ein Stelleninserat warten würde, schließlich könne ich so einen Haushalt nicht alleine führen. Da ich es nicht mal schaffen würde, ein Inserat zu schalten, habe sie es als Pflicht einer Bürgerin dieses Landes gesehen, in mein Büro zu kommen, und mir ihre Dienste als Köchin und Haushälterin anzubieten. Nun, wie hätte ich da ablehnen können? Du hättest ihren Blick sehen sollen, als sie am nächsten Tag, ihrem ersten Arbeitstag, auf dem übrigens sie bestanden hatte, auf eine Baustelle kam. Ich ließ das Haus komplett umbauen, davon stand nichts in der Zeitung. Jedenfalls sollte es noch Monate dauern, bis sie für ihr Geld arbeiten konnte. Mittlerweile ist sie mir derart ans Herz gewachsen, dass ich sie nicht mehr gehen lassen würde, selbst wenn sie es wollte."

Als Julian eine erneute Pause machte, fiel ihm auf, dass Dana ihren Kaffee noch nicht angerührt hatte. Sie folgte seinem Blick und sah die vergessene Tasse vor sich stehen. Schuldbewusst nahm sie einen großen Schluck.

„Und wie kommt Brian ins Spiel?", wollte Dana wissen.

„Brian ist ihr Sohn. Ach, das weißt du ja. Wie sich nach meinem Einzug herausstellte, hatten die

Handwerker noch allerhand Dinge übersehen oder nicht so ausgeführt, wie ich es mir vorgestellt hatte. Da sie es leid war, den ganzen Tag herumzutelefonieren, holte sie kurzerhand ihren Sohn her, der die Arbeiten so ausführte, wie ich mir das vorgestellt hatte. Ich war ehrlich überrascht.

Das Haus verfügt über einen sehr großen sogenannten Dienstbotenbereich. Da ich Marie die ewige Pendelei zwischen Wohn- und Arbeitsplatz ersparen wollte, schlug ich ihr vor, einfach dort einzuziehen. Ich bin den Tag über nie hier, oft verreise ich tagelang, das Haus war die meiste Zeit leer. Zu dieser Zeit war Brian gerade mitten in seinem Studium. Er war auch nur sehr selten zu Hause. Marie gab ihre Wohnung auf und nahm mein Angebot an. Wenn Brian zu Besuch war, wohnte er in einem der Gästezimmer im Flügel seiner Mutter. Jedenfalls packte er immer mit an, wenn etwas anfiel. Er kümmerte sich um den Garten und die Technik. Nachdem er sein Studium beendet hatte, zog auch er hier ein. Noch heute sieht er es als seine Aufgabe an, zum Werkzeug zu greifen, wenn irgendetwas getan werden muss. Mittlerweile ist er mit im Unternehmen als Anwalt tätig. Er wollte immer Partner in einer großen Firma werden. Er ist ein verdammt gerissener Hund und ich werde mich nicht der Gefahr aussetzen, ihn mal gegen meine Firma am Start zu haben. Deshalb wird das mit der Partnerschaft nichts werden. Davon weiß er allerdings nichts", Julian grinste.

Seine Gedanken wurden von Dana unterbrochen.

„Erzähl mir von deinen Eltern.“

„Wie kommst du auf meine Eltern?“, wollte Julian wissen. Misstrauisch beäugte er Dana.

„Jeder hat Eltern, also auch du, nur du erzählst nie von ihnen.“

Julian stellte erschrocken fest, dass es schon fast sieben Uhr war.

„Kleines, ich fürchte, diese Erklärung muss ich dir schuldig bleiben. Ich muss schnell duschen und mich umziehen, ich habe gleich einen wichtigen Termin.“

„Verstehe.“

„Nein, der ist nicht vorgeschoben, du kannst in meinem Terminkalender nachschauen. Vertrau mir, du wirst alles von mir erfahren, nur jetzt im Moment bin ich etwas im Stress.“

„Und wenn ich dich unter die Dusche begleite?“

„Himmel, du schaffst mich.“

Julian packte Dana am Arm, rannte mit ihr die Treppe hinauf und zog sie dort über einen langen Flur an unzähligen Türen vorbei. Als er schließlich eine Tür öffnete und sie in den Raum schob, fand sie sich in einem himmlischen Schlafzimmer wieder. Der Teppich war so dick, dass sie förmlich darin versank. Ein riesiges Himmelbett dominierte den Raum. Doch es passte einfach in diesen Raum. Sie konnte sich kein anderes Bett vorstellen. Auch hier zog sich eine Fensterfront über die gesamte Länge und Höhe des Raumes, wobei ihr auffiel, dass der Raum wahrscheinlich weit über drei Meter Höhe hatte.

„Folge mir!“, sagte Julian zu Dana und streifte sich die Schuhe und Kleider ab. Er ließ alles liegen, wo es gerade zu Boden fiel. Dann schlüpfte er durch eine weitere Tür und kurz darauf konnte sie Wasser prasseln hören. Sie widerstand dem Wunsch aus dem Fenster zu schauen und entledigte sich ebenfalls ihrer Kleidung.

Dann warf sie zunächst einen Blick durch die Tür. Sie sah eine riesige, wie sollte es auch anders sein, Glaskabine, in der bereits Wasserdampf aufstieg. Schon jetzt konnte sie nur noch die Konturen von Julian erkennen. Dana stellte fest, dass Wand und Boden in dunklem Granit gefliest waren. Gegenüber der Dusche befand sich ein Waschtisch mit zwei Waschbecken und an der Wand darüber ein Spiegel, der schon beschlagen war. In einem Wandregal daneben stapelten sich Handtücher in allen Farben der Farbskala. Ihr gegenüber war eine in den Boden eingelassene Badewanne, in der bequem zwei erwachsene Menschen Platz hatten. Hinter der Wanne war ein bodentiefes Fenster, das den Blick auf das Meer freigab. Nun konnte Dana sich nicht mehr zurückhalten, sie trat vor das Fenster und erblickte einen riesigen Garten. In der Ferne war die Sonne über dem Meer aufgegangen und färbte den Himmel in Orangetöne. Dana drehte sich wieder um und ging in die Mitte des Raumes.

Sachte öffnete sie die Tür der Duschkabine.

„Ich muss dich warnen, ich dusche heiß“, sagte Julian.

Dana stieg in die Nebelschwaden und schrie auf,

als seine Hand sie wie aus dem Nichts heraus packte und nach vorne zog. Dann landete Dana sanft in Julians Armen.

„Soll ich die Temperatur herunterregeln?“, wollte er besorgt wissen.

„Nein, ich mag es heiß“, antwortete Dana.

Julian streifte Dana das Wasser aus dem Gesicht und sah ihr tief in die Augen.

„Willkommen zu Hause, Kleines.“ Dann küsste er sie, dass ihr fast die Beine nachzugeben drohten. Er stützte sie, zog sie noch fester an seinen Körper. Sie spürte seine harten Muskeln, seine weiche Haut auf ihrer.

„Du hast abgenommen“, stellte er sachlich fest.

„Na ja, essen gehörte nicht mehr zu meiner Lieblingsbeschäftigung, als du weg warst“, gestand Dana.

„Das werden wir ändern. Ab sofort wird Marie dich rund um die Uhr verwöhnen.“

Danas Blick wanderte von Julians Augen abwärts über sein Kinn, seine Brust bis zu seinem Bauch. Er trug kein Pflaster mehr. Sie sah die lange Narbe an und berührte vorsichtig die Stelle. Sie spürte das Zucken, das Julians Körper durchfuhr.

„Entschuldigung“, entfuhr es ihr und sie zog schnell ihren Finger weg.

„Liebes, deine Berührungen sind wie Stromstöße auf meiner Haut. Hör nicht auf damit, niemals.“

Damit nahm er ihre Hand und führte sie wieder zurück zu seinem Bauch.

Zu seinem Termin kam Julian viel später als

geplant. Na ja, er war der CEO. Er konnte es sich erlauben.

12.

Nachdem Dana Julian amüsiert dabei beobachtet hatte, wie er sich in Windeseile fertig gemacht und nach einem schnellen Abschiedskuss das Schlafzimmer verlassen hatte, öffnete sie ihre Koffer, die Brian wohl im Schlafzimmer abgestellt hatte, während sie mit Julian in der Küche saß. Seit ihrer Ankunft hatte sie weder ihn noch Marie gesehen.

Ein Blick in ihren Koffer genügte, um zu wissen, dass sie auf dieses Leben nicht vorbereitet war. Was in ihrem bisherigen Leben todschick gewesen war, war hier allenfalls alltagstauglich. Sie fragte sich, ob es überhaupt sinnvoll war, den Koffer auszupacken. Andererseits konnte sie ja schlecht nackt herumlaufen. Dann stand sie vor dem nächsten Problem. Wo bewahrte Julian seine Kleidung auf? Im Schlafzimmer befand sich lediglich eine Kommode. Ein Blick in die Schubladen zeigten ihr ein reichhaltiges Sortiment an Krimskrams, jedoch keine Kleidung. Als sie aus dem Bad kam, lagen Julians Sachen auf dem Bett, aber wo hatte er sie her? Sie schaute sich im Raum um. Dann entdeckte sie auch hier die in die Wand eingelassene Tür, ähnlich der Tür in der Eingangshalle hinter der sich die Garderobe verborgen hatte. Dana drückte leicht dagegen und schon schwang sie lautlos auf. An der Decke gingen unzählige Lichter an und vor ihr lag ein begehbarer Kleiderschrank, der sicher nochmal so groß war wie das Schlafzimmer. Dana trat in den Schrank oder sollte sie lieber sagen, sie betrat das Zimmer? Sie konnte es nicht sagen. Auf der rechten Seite hingen, farblich geordnet, mindestens fünfzig Anzüge. Unter jedem Jackett hing die dazugehörende Hose. Die Farbskala reichte von hellem Grau bis tiefem Schwarz. Danach kamen wahrscheinlich nochmal so viele Hemden. Die Hälfte davon war weiß. Der Rest passte farblich zu den Anzügen. In einer eigens dafür vorgesehenen Vorrichtung steckten seine Krawatten. Sie gelangte zu Unterwäsche, Sport und Freizeitkleidung und Bergen von Schuhen, hauptsächlich aus schwarzem Leder.

Die linke Seite des Raumes war ähnlich strukturiert nur, dass hier alles leer war. Leere Kleiderstangen, leere Fachböden, leere Schubladen. Auf beiden Seiten waren die Fachböden und Stangen indirekt beleuchtet. Erneut fragte sich Dana, ob diese Schrankseite wirklich schon immer leer war, oder ob er eigens für sie Platz geschaffen hatte. Hatte tatsächlich noch keine Frau vor ihr ihre Kleidung hier hängen?

Dana war sich plötzlich ganz sicher, hier würden ihre Sachen lächerlich aussehen. Dann fiel ihr ein, dass Julian sie nicht anders kannte. Er kannte sie mit ihren Klamotten. Also holte sie ihre beiden

Koffer, räumte die Teile, die sie vor wenigen Stunden zusammen mit Hanni gepackt hatte, ein, stellte die Koffer auf den obersten Fachboden und schloss den Schrank wieder. Dann bemerkte sie, dass sie noch immer nur Julians Bademantel trug. Sie ging nochmal zurück und zog sich eine frische Jeans und einen schwarzen Strickrolli an, der sowohl ihre Figur, wie auch ihre Haarfarbe gut zur Geltung brachte. Außerdem schienen ihre Augen immer in einem noch helleren Grau, wenn sie schwarze Sachen trug, fand sie jedenfalls.

Schließlich räumte sie noch die Kleider beiseite, die sie vor dem Duschen achtlos auf den Boden fallen gelassen hatten. Dana lächelte, als sie an die Dusche dachte. Julian war nicht nur geschickt im Einsatz seiner Lippen und Finger, er wusste auch mit einem Stück Seife Dinge anzustellen, die ihr einen wohligen Schauer über den Rücken jagten, wenn sie nur daran dachte.

Dana spürte, wie sie hungrig wurde. Seit dem kleinen Imbiss, den sie nach ihrer Landung eingenommen hatten, waren einige Stunden vergangen. Sie trat hinaus auf den Flur. Und schon fragte sie sich, ob sie diesen Raum jemals wiederfinden würde. Vielleicht sollte sie die Türen zählen, an denen sie vorbeikam? Na ja wenn alles schiefging, würde sie auf der Treppe auf die Rückkehr von Julian warten.

Dann fiel ihr Marie wieder ein und sie ging die Treppe hinunter auf eine Tür zu, von der sie hoffte, dass dahinter die Küche lag. Stolz stellte sie fest, dass sie mit ihrer Vermutung richtig lag. Unvermittelt fiel ihr der Plan des Krankenhauses ein, der ihr an ihrem ersten Besuchstag ausgehändigt worden war. Sie sollte ernsthaft mit Julian darüber sprechen, einen solchen Plan von diesem Haus anfertigen zu lassen.

Marie stand inmitten einer Mehlwolke und schlug auf einen Berg Teig ein. Als sie bemerkte, dass jemand ihr Reich betreten hatte, sah sie auf. Sofort wischte sie sich die Hände an ihrer Schürze ab und kam, um die Arbeitsplatte herum, auf Dana zugeeilt.

„Ich wollte dich nicht stören", setzte Dana zu einer Entschuldigung an.

„Unsinn Kind, du störst doch nicht. Setz dich und sag mir, was du essen möchtest."

„Ehrlich gesagt, ist mir das egal, ich glaube im Moment könnte ich alles essen."

„So ist es recht, ich mach dir etwas."

Dana trat an die Fensterfront und schaute in den Garten. Von hier unten wirkte er noch größer. In einiger Entfernung glaubte sie einen Pool zu sehen. Als sie ihren Blick weiterschweifen ließ, stellte sie fest, dass das Haus U-förmig gebaut war. Rechts und links von ihr zogen sich zwei Flügel in den Garten hinaus. Die Küche schien in der Mitte des Hauptbaus zu liegen, der bestimmt dreißig Meter lang war. Wenn sie geradeaus blickte, konnte sie das Ende des Gartens nur erahnen.

Marie hatte genaue Anweisungen von Julian erhalten, als dieser auf der Fahrt zum Büro bei ihr angerufen hatte. Oberste Priorität war es, Dana aufzupäppeln und darin war sie unschlagbar. Sie war schon seit über zwei Stunden dabei zu backen und dachte auch nicht daran, ihre Bemühungen einzustellen. Schließlich musste sie sich jetzt um drei Kinder kümmern.

Dana sah, wie Marie mit wenigen Bewegungen zwei Brötchen in einen Korb legte, Marmelade, Honig und Butter auf ein Tablett stellte, dazu Milch, Wurst und Käse sowie Geschirr und schon stand alles vor ihr auf dem Tisch. Marie richtete das Gedeck und arrangierte die Nahrungsmittel um sie herum.

„Vielen Dank. Ist Brian auch schon wieder bei der Arbeit?“, wollte sie von Marie wissen.

„Nein, der hat sich hingelegt. Er schläft wahrscheinlich bis zum Mittag.“

Sicher, wie dumm von ihr, während sie selbst im Flugzeug geschlafen hatte, war Brian ja wach gewesen. Er hatte schließlich zum Flughafen und wieder zurück fahren müssen.

„Dachte ich mir doch, dass ich etwas zu Essen gerochen habe.“ Brian stand in einer Tür, die Dana noch nicht aufgefallen war.

„Hast du schon ausgeschlafen?“, fragte Dana.

„Ja, danke. Jetzt habe ich dafür einen Bärenhunger. Kann ich mich zu dir setzen?“

„Aber klar.“ Dana klopfte auf die Bank neben sich und rutschte ein Stück weiter.

Marie brachte ein weiteres Gedeck und stellte

ihrem Sohn eine dampfende Tasse Kaffee neben den Teller. Sie brachte weitere Brötchen sowie Berge an Wurst und Käse. Bevor Brian zugriff, zog er Dana in seine Arme und drückte sie fest. Zunächst erschrak Dana. Entspannte sich aber gleich wieder, als Brian ihr ins Ohr flüsterte: „Willkommen."

Sichtlich gerührt stammelte Dana ein Danke. Brian war jedoch schon voll mit seinem Brötchen beschäftigt. Marie stemmte eine große Pfanne vom Herd und trug sie an den Tisch heran, es duftete herrlich nach Rührei mit Speck. Sie verteilte großzügige Portionen auf beiden Tellern. Dana nahm sich vor, darauf zu achten, dass sie nicht innerhalb weniger Tage wie ein Elefant aussehen würde.

„Was hast du heute vor?", erkundigte sich Brian.

„Ich bin mir noch nicht sicher. Ich habe ganz oben auf meiner Liste stehen, dass ich mich unbedingt in einer Sprachschule anmelden muss. Ich stoße hier ständig an meine Grenzen."

Brian zog seine Augenbrauen zusammen und legte seine Gabel weg.

„Ist mir gar nicht aufgefallen."

„Ist aber so und das ist etwas, mit dem ich nicht umgehen kann, daher muss ich es ändern."

„Okay, lass uns nachher googlen."

„Hast du Zeit dafür?", fragte Dana hoffnungsvoll.

„Klar, heute mache ich blau. Wir dürfen uns nur nicht beim Boss verquatschen", lächelnd nahm Brian seine Gabel wieder in die Hand und lud sich eine ordentliche Portion Ei auf.

„Dein Geheimnis ist bei mir sicher“, meinte Dana und tat es ihm gleich.

„Was machen wir im Anschluss? Soll ich dir das Haus oder die Umgebung zeigen?“, wollte Brian zwischen zwei Bissen wissen.

„Das Haus fasziniert mich zwar, aber ich glaube, ich will die Welt außerhalb der Mauern zuerst sehen.“

„Eine gute Entscheidung.“

Nachdem sie einige Minuten schweigend weitergegessen hatten, fragte Dana:

„Hat Julian oft gesellschaftliche Verpflichtungen?“

„Was meinst du?“

„Na ja Geschäftsessen, Partys und so.“

„Wahrscheinlich nahezu täglich, warum?“

„Werde ich ihn ab und zu begleiten?“

„Sicher, hast du keine Lust dazu?“

„Doch, schon, an der Lust fehlt es nicht“, murmelte Dana nachdenklich.

Brian hielt Danas Kopf, so dass sie ihm in die Augen sehen musste. Auch blau, stellte sie fest.

„Was ist los, Dana?“, fragte Brian.

„Ich bin auf so etwas nicht vorbereitet. Ich weiß, Klischee über Klischee. Aber wenn ich keine Berufskleidung getragen habe, hatte ich Jeans an. Ich denke nicht, dass ich in einer Jeans zu einem solchen Essen gehen kann.“ Nach einer Weile fügte sie hinzu: „Ich habe Julians Kleiderschrank gesehen, ich kann definitiv nicht in meinen Sachen an Julians Seite auftreten.“

„Keine Sorge, im Land der unbegrenzten Möglichkeiten kann man Abendgarderobe käuflich erwerben."

Dana nickte. „Klar, meine Kreditkarte wird vor Begeisterung aus dem Häuschen sein."

„Dana, mach das nicht schon wieder."

Sie sah ihn fragend an.

„Julian wird dich garantiert nicht für deine Kleidung selbst bezahlen lassen. Und wenn du ihn nicht kränken willst, schneidest du das Thema am besten gar nicht erst an."

Dana wusste nicht, was sie darauf sagen sollte. Sie beendeten ihr Frühstück.

„Wie lange brauchst du, bis wir los können?", wollte Brian wissen.

„Kommt darauf an, wie lange ich brauche um mein Zimmer zu finden."

Lachend stand Brian auf und zog Dana auf die Beine.

„Komm, ich bringe dich."

Seiner Mutter warf er einen Handkuss zum Abschied zu und ging dann mit Dana durch die Küche, die Marie nur noch schnell zuwinken konnte.

Dana schnappte sich ihre Schuhe und ihre Handtasche und folgte Brian wieder nach unten. Dort holte Brian sich eine Jacke aus dem Wandschrank und reichte auch Dana ihre Jacke. Er zog sich eine dunkelbraune Lederjacke an. Erfreut stellte Dana fest, dass auch er Jeans und Boots trug. Dazu ein Flanellhemd. Sie kam sich gleich nicht mehr so schäbig vor.

„Los, holen wir uns einen Wagen."

Dana wusste wieder nicht so recht, was Brian meinte. Sie folgte ihm zur Haustür hinaus. Gemeinsam gingen sie über die Zufahrt. Sie liefen am Brunnen vorbei. Dana erkannte eine Art Pferdestall, der ihr am Morgen nicht aufgefallen war. Klar, sie hatte ja nur Augen für das Haus gehabt. Als Brian seinen Schlüssel in ein Schloss steckte und zur Seite drehte, glitt das große Tor geräuschlos auf. Schnell stellte Dana fest, dass es sich um keinen Stall, sondern um eine Garage handelte. Als sie hineintraten, schalteten sich an der Decke Lampen ein und erleuchteten die Halle. Dana blieb die Luft zum Atmen weg. Was war das denn? fragte sie sich. Noch nie hatte sie so viele Fahrzeuge auf einem Fleck gesehen.

„Wem gehören die?", fragte Dana unsicher.

„Alles was schwarz ist gehört Julian, der Rest ist meiner", frotzelte Brian.

So, schwarz also. Dana sah einen schwarzen Hummer, einen Audi R8, einen Porsche und einen BMW X6. Der Audi SUV fehlte, wahrscheinlich war Julian mit ihm zur Arbeit gefahren, folgerte Dana.

„Na ja, er scheint sich auf keine bestimmte Marke festlegen zu können", sagte sie schließlich.

„Nein, damit hat er seine Schwierigkeiten."

Auf der anderen Seite der Garage standen ein roter Ferrari und ein Porsche in dunklem grau. Außerdem ein grauer Kombi, der neben dem Porsche mausgrau wirkte.

„Den benutzt Mutter“, erklärte Brian und stellte damit klar, dass er sich von diesem Wagen distanzierte.

„Welchen nehmen wir?“, wollte er dann von Dana wissen.

„Wie meinst du das, wir können doch nicht einfach einen Wagen nehmen!“

Brian deutete auf einen Glaskasten mit Schlüsselbrett, der neben dem Garagentor befestigt war. Nur ein Haken war leer.

„Okay, ich nehme dir heute die Entscheidung ab.“ Damit schloss er den Kasten auf, griff nach einem Schlüssel, verschloss den Kasten wieder und führte sie zu seinem Porsche.

Er hielt ihr den Schlüssel hin. „Möchtest du?“

„Nein!“, rief Dana.

Nachdem sie aus der Garage herausgefahren waren, schloss sich das Tor automatisch und sie fuhren die Allee zum Haupttor hinunter. Brian fuhr mit ihr ziellos durch die Gegend. Immer wieder einmal erklärte er ihr etwas. Dann blieb er kurz vor einem Hochhaus stehen, dessen Front verspiegelt war.

„Der Hauptsitz von Dillon Enterprices“, stellte er nüchtern fest.

Dana schaute an dem Gebäude hoch.

„Julians und mein Büro sind ganz oben. Er hat einen Auswärtstermin, sonst hätten wir ihn kurz besuchen können, dann hätte ich mit dir angeben können“, fügte er schmunzelnd hinzu.

Dana lächelte. Brian machte es ihr einfach, sich

hier wohlzufühlen. Wenn er auch wieder arbeitete, würde es schon schwerer für sie werden, soviel war klar, stellte sie fest.

„Hast du Lust mit Julian Mittag zu essen? Ich weiß, welches Restaurant er bevorzugt, sollen wir nachsehen, ob er dort ist?“

„Ja, gerne.“

Dana kam es vor, als hätte sie Julian seit Tagen nicht mehr gesehen, nicht erst seit einigen Stunden. Plötzlich vermisste sie ihn unheimlich.

Brian hielt vor einem Restaurant. Er stieg aus, warf den Schlüssel einem Mann in einer Uniform zu und öffnete Dana die Tür. Das alles ging so schnell, dass sie selbst gerade erst den Gurt gelöst hatte, als schon die Wagentür aufging. Dana ließ sich von Brian in das Restaurant führen.

An einem Pult im Eingangsbereich stand der Empfangschef. Auch er trug eine Uniform und blickte gerade in ein dickes Buch. Als Brian auf ihn zuging, sah er auf. Ein Lächeln trat auf sein Gesicht.

„Mr McMillan, es freut mich, sie und ihre Begleitung begrüßen zu dürfen. Waren sie angemeldet?“

„Nein, Charles, wir setzen uns zu Mr Dillon, wenn er hier ist.“

Charles entspannte sich sichtlich.

„Selbstverständlich, derselbe Tisch wie immer, Emma bringt Sie sofort zu Ihrem Platz.“

„Nicht nötig, wir finden den Weg.“

Damit führte er Dana durch einen bogenförmigen

Durchgang. Sie betraten den Gastraum. Dana spürte die Blicke unzähliger Frauen auf sich. Eine war schicker als die andere gekleidet. Alle makellos geschminkt und tadellos frisiert. Nie zuvor war sie sich so schäbig vorgekommen. Sie trug ihre wilde Lockenmähne wie immer offen, es war schwer sie zu bändigen, wozu also Zeit mit etwas verschwenden, das eh hoffnungslos war?

Brian schien die Blicke der anderen Gäste entweder nicht zu bemerken, oder er ignorierte sie gekonnt. Mit langsamen, zielsicheren Schritten führte er Dana in den hinteren Bereich des Raumes. Dana konnte an einem der Tische Julian sitzen sehen, der sich angeregt mit einer blonden Frau unterhielt. Diese hatte sich so weit vorgebeugt, dass ihr Dekolleté ungehinderte Sicht auf ihren Busen freigab. War in diesem Land alles groß? fragte sich Dana.

Brian, der die Frau auch gesehen hatte, griff nach Danas Arm und flüsterte ihr ins Ohr:

„Jetzt lernst du gleich die Creme de la Creme New Havens kennen. Mach dich auf einiges gefasst."

Das konnte ja heiter werden, vielleicht sollten sie besser wieder gehen und die beiden alleine lassen? Doch da hatte Julian sie entdeckt. Seine Miene verriet zunächst etwas Verwunderung, doch dann sah sie nur noch Liebe in seinen Augen. Er stand auf und nahm Dana aus Brians Arm in seine Arme. Dann küsste er sie, dass ihr sehen und hören verging. Oder sprach plötzlich tatsächlich keiner mehr in dem Raum? Als Julian Dana leicht von sich schob, um ihr ins Gesicht sehen zu können, hatte sie weiche Knie.

„Rutsch rüber Kathleen, wir brauchen auch Platz."

Dana hörte Brians Worte wie aus weiter Ferne. Dann drehte Julian sich zum Tisch hin und sagte zu Kathleen: „Darf ich dir Dana, meine Verlobte, vorstellen?"

Kathleen schoss zornige Blicke auf Dana ab. Dann stand sie so abrupt auf, dass ihr Stuhl wackelte und schwebte hoch erhobenen Hauptes aus dem Raum.

Dana nahm unterbewusst wahr, dass an den anderen Tischen die Gespräche wieder einsetzten. Sie hatte also doch richtig gehört, die Gespräche waren zuvor tatsächlich verstummt.

„Kann mir jemand sagen, was das war? Ich wusste ja, dass wir verheiratet sind, aber sind wir auch verlobt?", fragte sie, wobei sie nicht sicher war, ob sie glücklich oder wütend sein sollte.

Brian und Julian zogen zugleich einen Stuhl für Dana zurecht. Offensichtlich sollte sie sich setzen. Schließlich konnte sie sich ein Lächeln nicht verkneifen und nahm Platz. Sie wartete, bis beide Männer sich um den runden Tisch herum gesetzt hatten. Dann sah sie sie abwartend an. Julian musste lachen.

„Schneller hätten wir sie nicht losbekommen, glaub mir, ich habe die letzte halbe Stunde damit zugebracht, dass sie endlich geht", erklärte Julian.

„Ja, das war Kathleen", stellte Brian fest.

„Danke, das habe sogar ich verstanden",

bemerkte Dana.

Julian ergriff ihre Hand.

„Kathleen ist schon seit ewigen Zeiten hinter mir her. Vielleicht sollte ich besser sagen, hinter meinem Geld.“ Er machte eine kurze Pause.

„Sie hat schon hier drin gesessen als ich reinkam, hätte ich sie bemerkt, wäre ich gleich wieder gegangen. Sie ist wirklich eine berechnende Person.“

Ein Kellner kam an den Tisch, um ihre Bestellung aufzunehmen. Dana ließ Julian für sich wählen. Als der Kellner wieder gegangen war, fragte Julian plötzlich: „Na, was macht eigentlich mein Firmenjurist mit meiner Frau?“

Dana spürte, wie sie errötete.

„Ich glaube, ich hänge meinen Job an den Nagel und werde zum persönlichen Fremdenführer der Lady“, meinte Brian und nahm dem Kellner das Glas ab, dass dieser ihm in diesem Moment reichte.

„Ein guter Plan“, stellte Julian fest. „Es freut mich, dass ich nun doch noch zu einem Essen komme, zwischendurch war mir der Appetit vergangen.“ Er hauchte Dana einen weiteren Kuss auf die Lippen.

Wieder spürte Dana unzählige Blicke in ihrem Rücken. Vorsichtig sah sie sich um und stellte überrascht fest, dass tatsächlich wieder einige der Damen auf sie schauten.

„Stimmt etwas nicht mit mir?“, fragte sie unsicher.

„Was soll nicht stimmen, Kleines?“

„Die schauen alle so zu uns rüber.“ Hatte er das

nicht auch bemerkt?

„Du bist mit den beiden begehrtesten Singles unterwegs. Was erwartest du?“, fragte Brian und lehnte sich entspannt in seinem Stuhl zurück, die Arme hinter dem Kopf verschränkt. Dana musste plötzlich lachen. Die Männer stimmten mit ein.

„Aber eines müsst ihr mir noch erklären“, meinte Brian, „habe ich eine Verlobung oder eine Hochzeit verpasst?“

Noch immer lachend erzählten Dana und Julian ihm wie alles begann.

13.

Erschöpft lag Dana auf dem Sofa. Brian hatte ein Feuer im Kamin entfacht und schlief mit einem Buch auf dem Bauch auf dem anderen Sofa. Hinter ihm brannte eine kleine Leselampe, die einen hellen Schein auf Brians Gesicht warf, ansonsten war der Raum dunkel. Eigentlich war Dana auch hundemüde. Sie wollte aber wach bleiben, bis Julian nach Hause kam. Sie hatte viel erlebt und gesehen. Nach dem Essen hatte Brian in seinem I-Phone nach einer Sprachschule gesucht. Sie waren hingefahren und Dana hatte sich sofort angemeldet. Ihr Kurs würde gleich in der nächsten Woche beginnen.

Brian hatte ihr noch gezeigt, wo man shoppen konnte, dann waren sie wieder nach Hause gefahren. Hier bot Brian ihr nochmals an, sie herumzuführen, was sie nun auch gerne annahm. Es war unglaublich, einfach fantastisch. Sie sah ein Schwimmbad im Nordflügel, das an drei Seiten verglast war, so dass man den Eindruck hatte, man würde im Freien schwimmen, daneben gab es einen Spa-Bereich mit Sauna, Whirlpool und Dampfgrotte außerdem einem Fitnessraum, der es mit jedem Studio auf sich nehmen konnte, das sie jemals gesehen hatte. Brian zeigte ihr eine

Bibliothek, deren Regale vom Boden bis zur Decke reichten und die mit den unterschiedlichsten Büchern gefüllt waren. Sie sah alte, in Leder gebundene Bücher, Taschenbücher, Sachbücher und Enzyklopädien. Dann waren sie in das Wohnzimmer gekommen und dort waren sie erschöpft auf die Sofas gesunken.

Marie hatte ihnen zu trinken und einen kleinen Imbiss gerichtet. Dana rief bei Frank und Hanni an und erzählte ihnen von ihrem ersten Tag. Nach dem Anruf half Brian ihr dabei eine neue E-Mail-Adresse einzurichten. Kurzerhand schrieb sie noch ihren Freunden und Kollegen. Schließlich legte auch sie sich hin und sah den tanzenden Flammen im Kamin zu.

Es war schon fast zehn Uhr, als Dana die Tür hörte. Leise kam Julian ins Wohnzimmer geschlichen. Das Licht des Feuers warf Schatten auf sein Gesicht. Das Licht aus der Halle umgab ihn wie ein Heiligenschein. Würde sie sich je an seine Schönheit gewöhnen können? Nach wie vor verschlug es ihr schier den Atem, wenn er einen Raum betrat. Als seine Augen sich an das Dämmerlicht gewohnt hatten, trat er leise an ihr Sofa heran. Ein Blick auf seinen Freund ließ ihn schmunzeln, dann kniete er sich neben das Sofa, auf dem Dana lag, auf den Boden.

„Du bist ja noch wach“, stellte er flüsternd fest.

„Ich wollte auf dich warten.“

„Da bin ich aber froh, dass ich früher heimgekommen bin.“

„Früher?“ Mit großen Augen sah sie ihn an.

Julian streichelte ihre Wange.

„In den letzten Wochen ist vieles liegen geblieben. Ich muss versuchen alles aufzuarbeiten. Allerdings nicht an einem Tag.“

„Kann ich dir noch etwas zu essen machen?“, wollte Dana wissen. „Du bist sicher hungrig.“

Julians Herz zog sich zusammen. Noch nie hatte eine Frau ihn das gefragt. Zumindest keine mit der er schlief, stellte er fest. Sanft fuhr er mit seinen Lippen über ihre Wangen, ihre Lippen und ihr Kinn.

„Ich sehe schnell nach, was ich im Kühlschrank finde, dann gehen wir ins Bett“, schlug Julian vor.

Dana nickte und schaute ihm nach, als er den Raum verließ. Als er wenige Augenblicke später mit einem Sandwich in der Hand zurückkam, schlief sie schon.

Julian setzte sich auf die Lehne zu ihren Füßen und beobachtete die Frau die er liebte. Sie sah so zerbrechlich aus, wenn sie schlief und doch wusste er, wie stark sie war. Nachdem er sein Sandwich gegessen hatte, löschte er das Licht hinter Brian, legte das Buch auf den Beistelltisch und deckte seinen Freund zu.

Dann vergewisserte er sich, dass der Funkenschutz am Kamin richtig stand, nahm Dana in seine Arme und trug sie die Treppe hinauf ins Schlafzimmer. Dort legte er sie auf das Bett, das von Marie schon für die Nacht aufgedeckt worden war. Er deckte Dana zu und ging ins Bad. Schmunzelnd begutachtete er die wenigen

Kosmetikartikel, die Dana mitgebracht hatte. Sie würden wohl keine Platzprobleme auf der Ablage bekommen.

Nachdem der seine Kleidung in den Korb für die Reinigung geworfen hatte, ging er zu seinem Schrank, um sich einen Schlafanzug herauszuholen. Sein Blick blieb auf Danas Sachen hängen. Er trat an das Regal mit ihren Pullovern und ließ seine Finger darüber streifen. Er atmete ihren Duft ein. Dennoch brach es ihm fast das Herz, als er sah, mit wie wenig Gepäck sie aus ihrem Leben in das seine getreten war.

Er nahm sich vor, Ruth aufzutragen, alle Samstagstermine in seinem Kalender zu streichen. Er wollte so viel Zeit wie möglich mit Dana verbringen. Dieses Wochenende würden sie shoppen gehen.

Kaum war er neben Dana unter die Decke geschlüpft, war er auch schon eingeschlafen.

Der Wecker klingelte viel zu schnell wieder. Julian schaltete ihn aus. Er war gerade damit beschäftigt zu überlegen wo er aufgewacht war, da spürte er, wie jemand auf seinen Körper glitt. Sofort war er hellwach. Ah, keine Geschäftsreise, er war zu Hause und die Frau, die bald seine sein würde, blitzte ihn mit verschlafenen Augen an.

Wahrscheinlich würde er wieder ohne Frühstück aus dem Haus müssen, nun, er würde es darauf ankommen lassen.

Über eine Stunde später kam Dana in die Küche, Marie stand wieder an ihrem gewohnten Platz, und schnippelte Berge von Kartoffeln. Sie erfuhr, dass Brian schon um sieben das Haus verlassen hatte, bei Julian war es ja später geworden, fügte sie mit einem Augenzwinkern hinzu. Dana errötete und senkte den Kopf.

Während Dana frühstückte, ließ Marie sich von ihr berichten, was sie am Vortag alles erlebt hatte. Als Dana satt war, räumte sie ihr Geschirr in die Spülmaschine und griff sich ein Schälmesser, das sie in einem Messerblock auf der Arbeitsplatte fand. Sie nahm sich eine Kartoffel und begann diese zu schälen.

„Was tust du da?“, fragte Marie, die erst jetzt wieder ihre Stimme gefunden hatte.

Verwirrt blickte Dana auf.

„Nun, ich schäle eine Kartoffel.“

„Das sehe ich. Aber warum tust du das?“

„Brauchst du sie mit Schale?“, Dana war unsicher geworden.

„Ja. Nein. Nein, aber erst räumst du dein Geschirr weg, dann fängst du an Kartoffeln zu schälen. Was glaubst du wird Julian mir erzählen, wenn er erfährt, dass du hier die Hausarbeit erledigst?“

„Dann erzählen wir es ihm nicht?“

Marie lachte: „Du bist mir eine Nummer.“

Gemeinsam machten sie sich an die Arbeit. Schnell redeten sie über Gott und die Welt. Der Berg der Kartoffeln, die zu schälen waren, schien nicht kleiner zu werden, dabei wuchs der andere stetig an.

„Wer isst die alle?“, wollte Dana irgendwann wissen.

„Wir bekommen morgen Abend Gäste.“

An Danas Gesichtsausdruck konnte Marie erkennen, dass diese davon nichts wusste.

„Hat Julian dir nichts gesagt?“, fragte sie vorsichtig.

„Nein, das hat er wohl vergessen.“

„Das sieht im nicht ähnlich, wahrscheinlich hat er den Termin vergessen. Er hat zurzeit so viel um die Ohren.“

Dana sah zu, wie Marie ihre Hände an ihre Schürze wischte und zu einem an der Wand hängenden Telefon griff. Sie drückte eine Taste und musste nur kurz warten, bis sich eine Stimme meldete.

„Hallo Ruth, hier ist Marie, sag mal, könntest du Julian noch mal an seine Gäste morgen Abend erinnern?“ – „Vielen Dank, bis dann.“

Marie griff wieder nach ihrem Messer und setzte ihre Arbeit fort.

„Wie viele Menschen erwartet er?“

„Wir, mein Kind, wir. Wir erwarten ungefähr zwanzig Personen.“

„Was sind das für Leute?“, Dana spürte, wie sie immer verzweifelter wurde.

„Oh, die kommen aus der Industrie, es sind Börsenmakler darunter und Banker, so genau weiß ich das nicht.“

„Bringen sie ihre Frauen mit?“

„Ja. Da wirst du etwas zum Schmunzeln bekommen. Sobald diese Frauen ihren Männern den Rücken gekehrt haben, schmachten sie Brian und Julian an, als wären die beiden die letzten Männer auf dieser Welt. Oh, vielleicht hätte ich das jetzt nicht sagen sollen."

„Schon in Ordnung."

Nach einer Pause wollte Dana wissen: „Was ziehen diese Frauen an?"

„Die putzen sich immer raus als wären sie auf der Pariser Modewoche. Einfach schrecklich. Beim letzten Mal hatten zwei Frauen dasselbe Abendkleid an, anstatt sich darüber zu amüsieren, wären sie sich fast an die Gurgeln gegangen."

Marie musste bei dem Gedanken an das Schauspiel lachen.

Irgendwann war Dana dann doch von Marie aus der Küche geschickt worden. Da sie nicht so recht wusste, was sie tun sollte, holte sie sich Bade- und Sportkleidung und versuchte, den Schwimmbereich des Hauses wiederzufinden.

Nachdem sie einige Runden geschwommen war, suchte sie den Fitnessraum auf. Sie stieg auf den Cross-Trainer und startete ihr Programm. Vor dem Unfall hatte sie zu Hause regelmäßig ihren Cross-Trainer benutzt. Seit dem Unfall hatte sie komplett alles gestrichen.

Schnell spürte sie, wie die gewohnten Bewegungen ihr guttaten. Sie schaute hinaus in den Garten, beobachtete die vielen Vögel, die sich an dem Futterhaus vergnügten und ließ ihren Gedanken freien Lauf.

So fand Julian sie vor. Er blieb in der Tür stehen und schaute ihren Rücken an. Das T-Shirt klebte ihr verschwitzt am Körper, die enge kurze Hose bot ihm freie Sicht auf ihre langen Beine. Als er sie lachen hörte, trat er zu ihr vor.

„Was ist so komisch?“, fragte er.

Dana erschrak und schrie kurz auf. Als sie feststellte, dass Julian hereingekommen war, deutete sie auf das Vogelhaus.

„Schau, dem kleinen Kerl da sind gerade einige seiner Lieblingskörner heruntergeflogen. Die Amsel hat sich eines davon im Flug geschnappt. Nun jagt der kleine Kerl die dicke Amsel.“

Julian stellte sich neben sie und schaute ebenfalls in den Garten. Hatten sie dieses Vogelhaus schon immer?

Dann hob er Dana vom Trainingsgerät.

„Sag mal, stehst du hier in der Tat schon zwei Stunden drauf?“

Dana schaute auf das Display.

„Scheint so, ich habe die Zeit völlig aus den Augen verloren.“

„Na dann komm, du hast dir wohl eine Dusche verdient.“

„Wie kommt es, dass du schon hier bist?“

„Ich konnte vieles erledigen und habe noch mehr abgegeben. Brian wird wohl etwas später kommen“, fügte er schmunzelnd hinzu.

„Morgen habe ich mir freigenommen.“

„Du arbeitest sonst an Samstagen?"

Für Dana war das kein Problem, da sie schon immer zu den ungewöhnlichsten Uhrzeiten gearbeitet hatte, störte sie das nicht.

„Ab sofort nicht mehr. Ich habe übrigens völlig vergessen, dass wir morgen Abend Gäste erwarten. Der Termin steht schon lange fest. Ich konnte ihn nicht mehr verschieben, auch wenn er meine Pläne durcheinanderbringt."

„Was für Pläne?"

„Von denen erfährst du morgen."

An diesem Abend telefonierte Dana lange mit Hanni und Frank.

14.

Früh am nächsten Morgen fuhren Julian und Dana den Connecticut Turnpike in Richtung Süden. Sie genoss es, die Umgebung bei Tag zu sehen.

„Wo fahren wir hin?", fragte sie jetzt wohl schon zum hundertsten Mal.

„New York", antwortete Julian wohl schon zum hundertsten Mal.

„Das habe ich mittlerweile kapiert. Aber in der Vergangenheit konnte ich den Medien entnehmen, dass New York eine große Stadt ist. Vielleicht könntest du ein bisschen präziser werden?"

Julian schüttelte den Kopf und fuhr auf einen Parkplatz, der wie Dana annahm, weit außerhalb von New York lag. Erfreut stellte Dana fest, dass dort ein Taxi bereitstand. Hatte Julian es bestellt? Hm, wahrscheinlich. Sie stiegen ein und das Taxi fuhr los.

Wie es Dana vorkam, eine Ewigkeit lang, fuhren sie im Schritttempo durch die Straßen, die breiter waren als eine Autobahn, vorbei an Menschenmengen und blinkenden Reklametafeln.

Dann hielt das Taxi plötzlich an, Julian gab dem Fahrer einen Schein, öffnete seine Tür und zog Dana hinaus auf den Bürgersteig.

Dana sah sich um. Sie stand inmitten eines

Häuser- und Menschenmeers und direkt über ihr sah sie das Straßenschild, das ihr sagte, dass sie sich auf der Fifth Avenue befand. Bislang kannte sie diese Straße nur aus Filmen.

„Du läufst mit mir über die Fifth Avenue?", fragte Dana ungläubig.

„Nein, ich mache hier einen Schaufensterbummel mit dir. Und vielleicht, aber nur vielleicht kaufen wir auch etwas. "

Dana hüpfte vor Freude auf und ab. Erheitert nahm Julian sie ihn den Arm und sie schlenderten los. Schon bald hatte er sie in einen Laden gezogen. Dort probierte sie Abendkleider und Kostüme an, Hosenanzüge und noch mehr Kleider.

Unendlich geduldig saß Julian gegenüber der Umkleide und ließ sich von den Verkäuferinnen Getränke bringen, während Dana ständig mit neuer Kleidung aus der Kabine trat und sich ihm präsentierte.

„Gefällt dir etwas davon?", wollte er irgendwann wissen.

„Es ist alles großartig", rief sie mit verträumtem Blick.

„Würdest du etwas davon gerne haben?"

„Ja klar, das dunkelblaue Kleid. In meinem nächsten Leben kaufe ich mir das zuerst." Sie stupste Julian mit der Nase an und zog ihn aus dem Sofa. Sie hatte sich mittlerweile wieder ihre Jeans angezogen und wollte mehr von New York sehen.

An der Ladentür sagte Julian: „Warte hier, ich

glaube mir ist etwas aus der Tasche gerutscht, ich bin gleich wieder da."

Als er kurze Zeit später wiederkam, gingen sie weiter. Julian zog Dana in unendlich viele Läden. Überall durfte sie alles anprobieren, was ihr gefiel. Stunden später saß sie glücklich neben Julian im Auto. Es war ein toller Tag gewesen. Sie waren in so unglaublichen Läden, sie hatten zusammen Mittag gegessen und viel Spaß gehabt. Julian war sehr geduldig, hatte Dana mehrfach mit zunehmender Bewunderung festgestellt.

Dana kuschelte sich tiefer in ihren Sitz. Es dämmerte mittlerweile. Julian legte seine Hand auf ihren Oberschenkel, sie legte ihre Hand darüber. Ein Blick zur Uhr sagte ihr, dass sie gegen sieben Uhr daheim sein würden. Vielleicht hatte Brian wieder ein Feuer angemacht.

Plötzlich schrak sie hoch.

„Die Gäste, wir haben die Gäste vergessen!"

„Nein, wir sind in zehn Minuten zu Hause und haben dann noch eine Stunde Zeit, um uns fertig zu machen", versuchte Julian sie zu beruhigen.

„Uns fertig zu machen, ja." Krampfhaft überlegte Dana, was sie anziehen könnte, ach, hätte sie doch nur dieses blaue Kleid gekauft. Nachdem sie am heutigen Tag so viele edle Kleider anprobiert hatte, würden ihre eigenen Sachen nur noch schäbiger wirken.

Sie hatte jedoch keine Wahl, sie überlegte, ob der schwarze lange Rock und die silberne Seidenbluse für den Anlass wohl ausreichen würden. Nun, sie musste es wohl darauf ankommen lassen.

Julian hielt vor dem Tor und wartete, bis dieses sich geöffnet hatte.

„Kann ich in der nächsten Woche einen Wagen leihen?“, fragte sie kurz bevor sie das Ende der Allee erreichten.

„Klar, nimm dir den, der dir am besten gefällt. Hast du etwas vor?“

Dana erzählte Julian von der Sprachschule, deren erster Kurs am Montag beginnen würde.

„Prima, in jedem Fahrzeug ist ein Navigationsgerät. Sie lassen sich alle auf dieselbe Art bedienen. Damit findest du dich besser in den Straßen zurecht.“

Er stieg aus und half Dana beim Aussteigen. Das Haus war hell erleuchtet. Als Dana in die Halle kam, stellte sie fest, dass zwei junge Männer in Frack aus einem der Zimmer kamen und in die Küche gingen.

„Wer ist das?“, fragte sie Julian.

„Zwei junge Studenten. Sie helfen hier immer beim Bewirten der Gäste. Bei mehreren Gästen hole ich immer Hilfe für Marie dazu.“

„Was ist hinter der Tür?“

„Oh Kleines, du hast noch immer nicht alle Räume gesehen?“, stellte Julian fest und ein schlechtes Gewissen stellte sich bei ihm ein. Hatte er zu wenig Zeit für Dana?

„Schafft man das in einem einzigen Leben?“, fragte Dana und riss ihn damit aus seinen Gedanken.

Lachend führte es sie in den Raum. Es war ein Speisesaal. An der Tafel bekam man locker die doppelte Anzahl an Gästen unter, die heute erwartet wurden. Der Tisch war festlich gedeckt, das Kristall funkelte im hellen Schein der Lampen. Unzählige Blumenarrangements verströmten einen herrlichen Duft nach Sommer im Raum. Der Boden war, wie der in der Halle, aus poliertem, dunklem Holz. An den Wänden hingen große, gerahmte Spiegel, die den Raum noch größer wirken ließen, als er ohnehin schon war.

Soviel zu schwarzem Rock und silberner Bluse, sie würde dastehen wie Aschenbrödel. Dana überlegte, ob es besser wäre eine Migräne vorzutäuschen. Immerhin war sie nicht eingeplant gewesen, als die Einladungen zu dem Dinner verschickt worden waren.

Plötzlich müde ließ sie sich von Julian aus dem Raum führen und stieg schweren Schrittes die Treppe empor. Sie betrat hinter Julian das Schlafzimmer und überlegte ernsthaft, sich einfach auf das Bett fallen zu lassen. Sie warf einen sehnsüchtigen Blick nach rechts zum Bett und quietschte vergnügt auf. Was war das denn? Konnte das möglich sein? Auf dem Bett lag das Kleid, dass sie so gerne gehabt hätte. Dunkelblau und verführerisch lag es vor ihr, daneben die hochhackigen Schuhe, mit denen zusammen sie es anprobiert hatte.

Dana wusste nicht, ob sie wachte oder träumte, ihr Blick wanderte, zwischen Julian und dem Kleid hin und her. Er nickte in Richtung Bett und sie ging hinüber.

Sie wirkt wie ein kleines Kind zu Weihnachten, ging es ihm durch den Kopf, als er ihr vergnügt dabei zusah, wie sie langsam zum Bett ging und das Kleid vorsichtig in die Hand nahm, ständig darauf gefasst, dass es wieder verschwinden würde, wenn sie es zu schnell berührte.

Dann nahm Dana das Kleid auf und hielt es sich vor den Körper.

„Julian, wie ist das möglich?", fragte sie atemlos.

„Man nennt das Lieferservice, prima Sache, so muss man keine Tüten schleppen."

„Aber wann ...?"

„Nun, ich denke wir haben ihnen genug Zeit gelassen."

„Nein, wann hast du das gekauft?"

„Als ich dich an der Tür habe stehen lassen. Kleines, mir ist noch nie etwas aus der Tasche gerutscht."

Dana umarmte ihn, das Kleid noch immer an ihren Körper gedrückt.

„Dana, reichen dir dreißig Minuten?"

„Warum, was hast du noch vor?"

„Nichts mehr, aber mittlerweile ist es halb acht, unsere Gäste kommen jeden Moment."

„Ach du Schreck!", entfuhr es Dana, sie legte das Kleid auf das Bett zurück, riss sich ihre Kleider vom Leib und sprang unter die Dusche. Zwei Minuten später trocknete sie sich ab und kam wieder ins Schlafzimmer zurück.

„Was ist mit dir?“, fragte sie Julian.

Der hatte sich scheinbar noch nicht von der Stelle gerührt. Dann ging auch er ins Bad und kam wieder heraus, als sie gerade in Seidenstrümpfe schlüpfte, die zusammen mit der Unterwäsche ebenfalls auf dem Bett bereitgelegen hatten. Da es sich um ihre eigene Wäsche handelte, ging sie davon aus, dass Marie ihr die Sachen bereitgelegt hatte. Sie würde sie dafür nachher umarmen.

Dana zog sich das Kleid über den Kopf und strich es an ihrem Körper gerade. Sie schlüpfte in die neuen Schuhe. Julian trat hinter sie, lediglich ein kleines Handtuch um seine Hüfte gewickelt. Wasserperlen glänzten auf seinem nackten Oberkörper. Er zog ihr den Reißverschluss zu und küsste ihre nackte Schulter. Kichernd entwand sie sich seiner Umarmung und flitzte zurück ins Bad.

Währenddessen suchte sich Julian einen Anzug für den Abend heraus und zog sich ebenfalls an. Dana schaute sich ihr spärliches Make-up an. Sie legte etwas Puder auf und tuschte sich die Wimpern. Für mehr war sie nicht in Stimmung.

Als sie wieder aus dem Bad kam, saß Julian fertig gerichtet auf dem Bett.

„Wir sind ein schnelles Duo“, stellte er erfreut fest. Dann sah er Dana lange an.

„Du siehst wunderschön aus.“

Dana spürte, wie sie wieder errötete und senkte den Kopf.

„Obwohl, eine Kleinigkeit passt nicht ganz“, stellte Julian dann fest.

Dana trat vor den Spiegel und schaute sich an. Sollte sie doch mehr Make-up auflegen? Julian trat von hinten an sie heran. Er ließ seine Hände über ihre Schultern gleiten. Dana spürte etwas Kaltes an ihrem Hals. Im selben Moment hatte Julian ihr ein mit Diamanten besetztes Halsband umgelegt. Das Band war gute drei Zentimeter breit und funkelte in allen Farben des Regenbogens. Dana griff danach.

„Julian, das kannst du nicht machen", rief sie erschrocken.

„Keine Angst, Liebes. Ist nur geliehen. Heute Nacht gehört es dir."

Julian nahm Danas Hand und führte sie zu seinem Mund. Dann sank er vor ihr auf die Knie.

„Dana, seit du in mein Leben getreten bist, habe ich Dinge gesehen, denen ich schon lange keine Beachtung mehr geschenkt habe. Du hast eine Saite in mir zum Klingen gebracht von der ich gar nicht wusste, dass ich sie besitze. Ich möchte dir diesen Ring schenken als Symbol unserer Liebe. So, wie der Ring kein Ende hat, soll auch unsere Liebe kein Ende haben, und ich möchte dich bitten, meine Frau zu werden."

Julian steckte an Danas Ringfinger einen mattpolierten Ring, der einreihig mit Diamanten besetzt war. Er passte wie angegossen.

Langsam erhob er sich wieder und küsste Danas Tränen weg.

„Der ist nicht geliehen, der gehört dir ganz alleine."

Dana konnte noch immer kein Wort sagen. Julian

legte seine Hände an Danas Wangen. Sie spürte die Wärme, die von ihm ausging. Sie sah den Ausdruck in seinen Augen. Sah die Mischung aus Hoffnung und Angst, aber auch die Liebe, die sich darin spiegelte.

„Ja“, antwortete sie flüsternd, „ja, ich will deine Frau werden.

Julian zog Dana in seine Arme und hielt sie umfangen. Ein Stockwerk tiefer kündigte die Hausglocke, die ersten Besucher an.

„Komm, Kleines, wir wollen etwas essen.“

„Halt, mein Make-up!“

Schnell warf Dana noch einen Blick in den Spiegel. Gut, nichts ruiniert. Es konnte losgehen, auch wenn sie wusste, dass sie vor lauter Herzklopfen keinen Ton herausbekommen würde. Sie betrachtete voller Stolz den Ring an ihrem Finger sie bewegte ihre Hand im Schein des Lichtes und ließ die Diamanten aufblitzen.

Dana sah die ersten Gäste schon in der Halle, als sie an Julians Seite die Treppe hinunterschritt. Unten verstummten die Gespräche, alle drehten sich um und schauten, wie das Paar herunterkam. Marie, die noch an der Tür stand, bekam Tränen in die Augen, als sie den Ring an Danas Finger sah.

„Meine werten Gäste, darf ich Ihnen meine zukünftige Frau vorstellen? Dana Wolf.“

Julian führte Dana von einem zum anderen. Sie schüttelte Hände, begrüßte Menschen, vergaß deren Namen wieder. Das konnte ja toll werden. In Zukunft sollte sie vorher besser die Gästeliste auswendig lernen, dachte sie.

Dann bat Julian alle ins Speisezimmer, wo Dana neben Julian am Kopfende des Tisches Platz nahm. Als sich Brian zu ihr an die Ecke setzte, hätte sie ihn vor Dankbarkeit küssen können. Ihre größte Sorge war es gewesen, den ganzen Abend über, irgendeinen fachspezifischen Smalltalk halten zu müssen, der ihr schon in ihrer Muttersprache schwer gefallen wäre.

„Glückwunsch“, flüsterte er ihr zu, nachdem er seinen Stuhl zurechtgerückt hatte.

Der Abend wurde toll. Maries Essen war phänomenal. Dennoch war Dana froh, als sie endlich mit Julian die Treppe hinaufgehen konnte.

Sie schaffte es noch, sich das Kleid auszuziehen, nachdem Julian ihr den Reißverschluss geöffnet hatte. Allerdings überlegte sie ernsthaft, einfach so ins Bett zu schlüpfen. Ihr schlechtes Gewissen siegte jedoch und Dana schlurfte tapfer ins Bad, stellte sich neben Julian ans Waschbecken, putzte sich die Zähne und wusch sich das Gesicht. In ihrer Unterwäsche ging sie zum Schrank, um sich einen Schlafanzug herauszuholen.

Mit schweren Beinen schlurfte sie über den dicken Flor des Teppichs. Sie blieb, kaum dass sie einige Schritte in den begehbaren Schrank gesetzt hatte, wie angewurzelt stehen. Ihre Hand legte sich wie ferngesteuert vor ihren Mund. Ihre Augen waren weit aufgerissen. Dana wusste nicht, ob ihr Herz stehen bleiben oder eher dazu neigen würde davonzurennen. Dann fiel ein Schatten in den

Raum. Julian war eingetreten.

„Was ist das?“, brachte Dana mühsam hervor.

„Kleidung?“, antwortete Julian.

„Wessen?“

„Ich vermute deine?“

„Woher?“

„Aus New York?“

„Kannst du das sein lassen?“

„Was?“

„Dass du jede Frage mit einer Gegenfrage beantwortest!“

„Dana, am besten du fängst so schnell wie möglich damit an, dich daran zu gewöhnen. Für mich bedeutet das alles nichts. Geld ist für mich nicht mehr ein Mittel zum Zweck. Genieße einfach und denke nicht weiter darüber nach.“

Er drückte ihr einen Kuss auf die Schulter.

„Julian, das müssen sämtliche Sachen sein, die ich heute anprobiert habe. Julian, die haben ein Vermögen gekostet!“

„Haben sie nicht.“

Dana schüttelte den Kopf, sie wusste nicht, was sie sagen sollte. Vor ihr hingen an den Stangen und lagen in den Regalen die meisten Kleidungsstücke, die sie heute während ihres Bummels anprobiert hatte. Ihre eigenen Sachen waren auch noch da, stellte sie fest, als sie die Kleidung begutachtete. Sie wusste nicht, was sie dazu sagen sollte.

„Julian …“, hilflos schüttelte sie den Kopf.

„Dana, zieh sie einfach für mich an. Du siehst

atemberaubend schön aus. Nach allem was du für mich auf dich genommen hast, scheint mir das hier“, er deutete auf die Kleider, „das Mindeste zu sein, was ich tun kann, dass es dir hier bei mir gefällt.“

15.

Pünktlich um zehn lief Dana am Montagmorgen zur Garage hinüber. Sie steckte ihren funkelnagelneuen Schlüssel ins Schloss, drehte ihn und bewunderte, wie das Tor zur Seite glitt. Sie wartete, bis das Licht angegangen war und trat dann ein.

Schnell stellte sie fest, dass der Porsche und der Q7 fehlten. Das scheinen ihre Lieblingsautos zu sein, dachte sich Dana. Sie begutachtete den Kombi, sollte sie den nehmen? Bei der Auswahl? Sie schüttelte entschieden den Kopf, sie war ja nicht bescheuert, dachte sie sich. Dann schaute Dana weiter und dachte zuerst, sie sähe eine Fata Morgana, konnte das wirklich sein? Stand hier ihr Auto? Langsam näherte sie sich dem Wagen. Sie war sich sicher, dass dieses Fahrzeug, als sie zuletzt hier war, nicht da stand. Es wäre ihr doch aufgefallen. Sie nahm sich im Vorbeigehen den Schlüssel aus dem Kasten und ging zur Fahrertür. Dann schloss sie auf und öffnete die Tür. Der Geruch eines Neuwagens schlug ihr entgegen.

Julian, dachte sie sich, hatte es mal wieder nicht lassen können. Aber konnte das wirklich möglich sein? Sie stieg ein, ließ sich in den Ledersitz gleiten. Dann sah sie die Karte, die am

Armaturenbrett lehnte.

Damit du dich ein bisschen mehr wie zu Hause fühlst. In Liebe J.

Er hatte ihr wirklich ihren Wagen gekauft, den, den sie schon zu Hause hatte und mit dem jetzt Hanni und Frank fuhren. Sogar in ihrer Farbe. Sie wusste noch, sie hatte die Farbe einzig wegen des Namens ausgesucht, Mark hatte darüber nur mit dem Kopf geschüttelt. Daytonagrau, wie cool hörte sich das denn an? Und nun hatte sie ihn wieder. Vorsichtig startete sie den Motor und ließ den Wagen aus der Garage rollen. Nachdem sie im Rückspiegel verfolgt hatte, wie das Tor sich geschlossen hatte, fuhr sie zum Haupttor. Dort programmierte sie das Navigationsgerät und steuerte auf die Straße hinaus. Sie gab leicht Gas und wurde sofort in den Sitz gedrückt. Ho ho, Julian schien die Fahrzeuge, die er kaufte immer spitzenmotorisiert zu kaufen.

Daran würde sie sich gewöhnen können, beschloss Dana und trommelte zum Takt der Musik auf das Lenkrad.

Sie fand die Sprachschule ohne Probleme und ergatterte sogar noch einen Parkplatz. Da sie noch etwas Zeit hatte, rief sie bei Hanni an und erzählte ihr, was sie am Vortag alles erlebt hatte. Dabei schaute sie immer wieder auf ihren Ring.

Nach ihrer Unterrichtsstunde beschloss sie spontan, mit ihrem neuen Wagen noch etwas spazieren zu fahren. Sie sollte sich bei Julian bedanken. Ob sie das Firmengebäude noch finden würde? fragte sie sich. Nachdem sie einige Male wahllos rechts und links abgebogen war, sah sie das Gebäude unverkennbar vor sich aufragen. Erfreut fuhr sie darauf zu und stellte fest, dass es eine Tiefgarage für Mitarbeiter gab. Kurzerhand fuhr sie die Zufahrt hinunter. Ihre Freude verflog allerdings schnell wieder, als sie den Pförtner sah, der am Ende der Zufahrt in einem kleinen Glaskasten saß. Mist, der würde sie sicher nicht einfahren lassen. Sie ließ ihr Fenster herunter und setzte gerade zu sprechen an, da rief dieser erfreut: „Ms Wolf, schön, dass sie uns besuchen. Ihr Parkplatz befindet sich gleich hier rechts. Der erste in dieser Reihe. Willkommen bei Dillon Enterprices."

Viel zu perplex, um etwas zu sagen, murmelte sie einen Dank und fuhr los. Sie parkte ihren Wagen und suchte den Weg zum Fahrstuhl.

Im Fahrstuhl überlegte sie, in welche Etage sie musste. Ihr fiel wieder ein, dass Brian ihr gesagt hatte, sie hätten ihre Büros ganz oben. Also drückte sie auf den obersten Knopf. Im Spiegel prüfte sie kurz ihr Äußeres. Noch etwas, was sie nie zuvor getan hatte. Dennoch lächelte sie, als sie den perfekten Sitz ihres nagelneuen Hosenanzugs bewunderte. Ihre neue Jacke trug sie unter dem Arm, eine neue Tasche über der Schulter. Ihr Haar glänzte im hellen Licht des Fahrstuhls. Eine angenehme Stimme kündigte ihr die Ankunft in der gewünschten Etage an, lautlos glitten die Türen auf.

Dana trat hinaus auf den Flur und betrachtete den Wegweiser, der ihr gegenüber an der Wand hing. In großen Lettern stand ganz oben: Dillon Enterprices. Stolz durchfuhr sie wie elektrischer Strom. Dann sah sie direkt darunter Julians Namen. J. Dillon, CEO und eine Zahl dahinter, sie vermutete, dass es sich hierbei um die Zimmernummer handelte. Direkt daneben stand Brians Name. B. McMillan, General Counsel und ebenfalls eine Nummer.

Nun musste Dana nur noch entscheiden, in welche Richtung sie gehen sollte, rechts oder links? Kurzerhand entschied sie sich für links. Der Boden war mit poliertem Granit belegt, die Wände mit einem hellgrauen Rauputz verputzt. Sie kam an unzähligen Grünpflanzen vorbei. An den Wänden hingen Bilder, die von kleinen hellen Spots angeleuchtet wurden. Erfreut stellte sie fest, dass die Nummern an den Bürotüren, die sie passierte, absteigend waren – sie hatte sich für die richtige Richtung entschieden. Nach einigen Metern zweigte der Flur nach rechts ab. Dana ging durch eine Tür aus Milchglas und stand vor einem gewaltigen Empfangstresen.

Eine junge Frau sprach in das Mikrofon ihres Headsets. Zum ersten Mal seit Tagen vermisste Dana ihre Kollegen, ihren Arbeitsplatz, ihre Nachtschichten. Auf einem Messingschild, das auf dem Tresen stand, war der Name Maggie Turner eingeprägt. Maggie signalisierte ihr kurz zu warten und hatte in der Tat nur wenige Sekunden später den Anruf weitergeleitet.

„Willkommen bei Dillon Enterprices, was kann ich für Sie tun?“

Dana konnte diesen Begrüßungsslogan wohl noch hundertmal hören, er würde ihr immer wieder eine Gänsehaut bescheren. Sie nannte ihren Namen und erklärte, dass sie kurz zu Mr Dillon wollte, sofern dieser sie empfangen konnte.

„Ms Wolf. Ich habe Sie nicht gleich erkannt, ich bitte um Verzeihung, ich werde sofort nach jemandem schicken, der Sie zu Mr Dillon führt.“

Maggie ließ ihre Finger flink über die Tasten ihrer Tastatur gleiten. Dana sah ihr vergnügt zu. Sie fragte sich erneut, was hier vor sich ging. Sie fühlte sich wie die Queen persönlich.

Dann hörte sie auch schon das flinke Klackern von Absätzen auf dem Granit. Sie sah eine ältere Frau auf sich zukommen.

„Ms Wolf, es freut mich Ihre Bekanntschaft machen zu dürfen. Ich bin Ruth, ich bringe Sie zu Mr Dillon.“

Dana reichte Ruth die Hand, die diese verwundert entgegennahm.

„Ich freue mich auch, Sie endlich kennenzulernen. Ich habe schon so viel von Ihnen gehört. Danke, es ist nett, dass Sie sich die Zeit nehmen, mir den Weg zu zeigen.“

Ruth strahlte bis über beide Ohren. Sie war es nicht gewohnt, dass die weiblichen

Bekanntschaften von Mr Dillon sie überhaupt auch nur eines Blickes würdigten, geschweige ihr die Hand zum Gruß reichten. Sie lächelte Dana zu und gemeinsam gingen sie den Flur entlang.

„Hat er denn überhaupt Zeit für mich? Ich habe mich kurz entschlossen, hier vorbeizukommen. Ehrlich gesagt, wusste ich nicht mal, ob ich das Gebäude noch finden würde", fragte Dana besorgt.

„Ms Wolf, jeder hier im Haus hat die Anweisung, Sie auf direktem Weg zu ihm zu bringen, sollten Sie hier herkommen."

„Ach, jetzt verstehe ich das alles. Ehrlich gesagt habe ich mich schon gewundert, warum alle meinen Namen kennen und Kopf stehen."

„Ganz im Vertrauen. Ich bin froh, dass Sie hier sind. Nach seinem Krankenhausaufenthalt war Mr Dillon nicht mehr derselbe. Wir dachten zuerst, dass Luke der Grund dafür war, bis ich dahinter kam, dass eine Frau ihm den Kopf verdreht hat."

Der Flur verbreiterte sich, ein runder Raum tat sich auf, in dessen Mitte ein Schreibtisch stand. Ruth blieb davor stehen.

„Das ist mein Reich", erklärte sie stolz. „Die Tür links führt zu Mr McMillan, die Tür zu meiner Rechten zu Mr Dillon. Ich werde Sie jetzt anmelden, Ms Wolf."

„Halt ...", sagte Dana.

Gespannt ließ Ruth den Hörer los und schaute sie erwartungsvoll an.

„Ich wollte nur kurz sagen, dass ich Dana heiße", schüchtern zuckte Dana mit den Schultern und bot

Ruth erneut die Hand.

Gerührt erwiderte Ruth den Handschlag.

Dann nahm sie den Hörer ab und drückte am Telefon die oberste Taste. Dana konnte Julian in der Leitung hören. *Ruth, was gibt es?*

„Mr Dillon, Ms Wolf ist bei mir, kann ich sie hineinschicken?"

Selbstverständlich, Danke

Ruth legte den Hörer auf und trat zu der Tür. Sie drückte sie auf und ließ Dana eintreten. Ohne ein weiteres Wort schloss sie die Tür wieder hinter Dana.

„Ich hoffe, dass ich dich nicht störe", sagte Dana zu Julian, der ihr bereits auf halbem Weg entgegengekommen war. Ein Blick auf seinen Schreibtisch genügte, um zu beurteilen, dass Julian bis zum Hals in Arbeit steckte. Mist, sie hätte doch vorher anrufen sollen.

„Unsinn, du störst nicht."

Er zog sie in seine Arme und hielt sie fest an sich gedrückt. War es möglich, dass er sie in der kurzen Zeit derart vermisst hatte?

„Was hast du heute Morgen alles erlebt?", fragte er.

„Meinst du bevor oder nachdem ich meinen eigenen Wagen entdeckt hatte?"

„Gefällt er dir?"

„Ob er mir gefällt? Das ist eine Rakete!"

„Wenn du die Rakete noch in der nächsten Woche fahren willst, dann reize die Geschwindigkeit besser nicht aus. Die Polizei kennt hier keine

Gnade. Wie war dein Kurs?"

„Super, toll. Ich freue mich schon auf morgen."

Julian hoffte, dass seine größte Angst sich nicht so schnell bewahrheiten würde. Dass es Dana sehr schnell hier langweilig werden würde und sie dann doch noch ihren Schritt in sein Leben bereuen würde.

„Wenn du noch kurz wartest, können wir miteinander Essen gehen, hättest du dazu Lust?"

„Natürlich, ich setze mich und beobachte dich." Schmunzelnd befreite sich Dana aus seiner Umarmung.

Während Julian wieder zu seinem Schreibtisch ging, sah Dana sich in dem Raum um. An zwei Seiten waren Fensterfronten. Die Scheiben reichten vom Boden bis zur Decke. Julian konnte den Ausblick jedoch nur bewundern, wenn er sich seinem Schreibtisch abwandte. Sicher macht er das viel zu selten, dachte Dana. Eine Sitzecke, die zum Verweilen einlud, stand vor einem der Fenster. Die dritte Wand war mit Holz verkleidet. Dana vermutete, dass sich dahinter Schränke befanden. An der vierten Wand neben der Tür stand ein großes Regal, in dem neben Auszeichnungen auch Bücher, Ordner und kleinere Topfpflanzen standen. Hinter Julian standen rechts und links, in der Ecke, in Edelstahltöpfen, riesige Pflanzen.

Langsam ging Dana zu dem Sofa und machte es sich bequem. Sie nahm sich vom Tisch eine Broschüre des Unternehmens. Julian war schon wieder in seine eigene Welt eingetaucht. Sie beobachtete ihn eine Weile. Himmel, er sah wirklich zum Anbeißen aus. Ihr fiel auf, dass er gar kein Jackett anhatte. Als sie sich im Raum umblickte, konnte sie keinen Kleiderhaken entdecken. Schließlich widmete sie sich der Broschüre.

Nach kurzer Zeit stellte sie fest, dass sie wirklich überhaupt nichts verstand. Vielleicht sollte sie das Ding morgen in ihren Kurs mitnehmen und dort übersetzen lassen. Sie beschränkte sich darauf, die Bilder anzusehen. Unvermittelt musste sie an ihre Mädchen denken. Stundenlang hatte sie mit ihnen Bilderbücher angesehen. Sie blickte in den Himmel und hoffte wie so oft, dass es ihnen gutging, wo immer sie jetzt waren. Immerhin war ihr Papa bei ihnen.

Dann musste sie daran denken, wie lange sie in der Nacht schon nicht mehr von Albträumen heimgesucht worden war. Es schien ihr fast so, als seien die Träume an der Grenze hängen geblieben. Nicht eine Nacht war sie bisher aus dem Schlaf gerissen worden. Und sie war dankbar dafür. An jedem Morgen aufs Neue. Dennoch ging sie nach wie vor nachts mit einer Furcht ins Bett, die sie einfach nicht loswurde.

Plötzlich flog die Tür auf, Dana ließ vor Schreck ihre Broschüre fallen. Julian stieß einen Fluch aus, den sie nicht verstand, aber unbedingt im Wörterbuch nachschlagen wollte.

„Dana, meine Schöne, warum sitzt du hier und langweilst dich, wenn du bei mir zumindest einen Kaffee bekommen hättest?“

Brian flog förmlich auf sie zu und riss sie aus dem Sofa und auf die Beine.

„Du bist ein mieser Gastgeber“, schimpfte er in Julians Richtung.

„Und du bist unterfordert! Hast du nichts zu tun?“, fragte Julian.

„Nichts, was so wichtig wäre wie eine schöne Frau zu umwerben.“ Brian zeigte seine makellosen Zähne in einem strahlenden Lächeln. Sein Grübchen an seinem Kinn wurde noch tiefer, wenn er lachte. Noch immer schwang er Dana durch den Raum.

„Lass meine Frau runter, sonst geb ich dir Arbeit, dass du die nächsten zwei Jahre nicht mehr von deinem Schreibtisch wegkommst“, drohte Julian und grinste dabei ebenfalls.

„Spielverderber. Los Leute, gehen wir essen.“

„Du denkst immer nur ans Essen.“

„Wichtig ist, dass wenigstens einer von uns denkt.“

„Frecher Kerl.“

Julian ging zu der verkleideten Wand, drückte auf eine Paneele und öffnete damit einen geräumigen Garderobenschrank, aus dem er sein Jackett holte und überzog.

Die drei beschlossen spontan zu einem Restaurant in der Nähe zu laufen. Dana stellte fest, dass es doch schon erheblich kalt geworden war. Der Oktober neigte sich dem Ende zu. Dana zog den Reißverschluss ihrer Jacke hoch und hängte sich rechts und links bei den Männern unter.

Als sie um eine Ecke bogen, kamen ihnen zwei kleine Mädchen mit winzigen rosa Mäntelchen entgegengehüpft. Sie waren so in ihr Spiel vertieft, dass sie die Erwachsenen überhaupt nicht wahrnahmen. Schon stießen sie gegen Danas Beine. Diese konnte die beiden gerade noch auffangen, bevor die Kinder zu Boden gestürzt wären. Dana bückte sich zu ihnen hinunter. In diesem Moment hoben beide ihre Köpfe und sahen sie mit großen blauen Augen an. Unter ihren Mützchen lugten blonde Löckchen hervor. Danas Kinn begann zu zittern. Sie streckte ihre zitternden Hände nach den Kindern aus. Ihre Lippen bebten. Julian zog Dana wieder auf die Beine. Nun kam auch schon die Mutter angerannt. Sie bedankte sich flüchtig und ging mit ihren Kindern weiter. Dana wollte ihnen nachgehen. Sie versuchte Julians Hand wegzustreifen. Sie wollte nur kurz zu den Kindern. Nur einen kurzen Blick auf die Gesichtchen erhaschen. Mit einem Finger ein Löckchen berühren. Julian zog sie näher zu sich und drehte sie dann weg, ihre Augen füllten sich mit Tränen, ihre Lippen bebten nach wie vor, sie brachte keinen Ton hervor. Julian spürte, wie sie noch immer gegen seine Umarmung ankämpfte, wie sie sich befreien wollte, zu den Mädchen gehen wollte. Er warf Brian seinen Autoschlüssel zu. Er war selbst erschrocken über die Ähnlichkeit der Mädchen mit Danas Kindern, auch wenn er sie nur von einem Foto kannte.

„Bri, hol meinen Wagen."

Ohne ein weiteres Wort joggte Brian zurück zum Firmenkomplex.

„Lass uns noch ein Stückchen laufen", flüsterte Julian zu Dana.

Sie klammerte sich an sein Jackett. Sie konnte nichts sehen, ihre Tränen nahmen ihr die Sicht. Julian führte sie ein paar Meter weiter. Dann kam auch schon Brian. Er hielt direkt neben ihnen. Julian stieg hinten ein und zog Dana auf seinen Schoß. Brian fuhr los.

„Schscht", hauchte Julian an Danas Haar. Er wiegte sie in seinen Armen.

„Oh Gott, Julian, diese … Ähnlichkeit. Wie kann das sein? Wie … kann … das … sein", ihre Stimme brach.

Brian erreichte das Haus und half Julian dabei, Dana aus dem Auto zum Haus zu führen. Dana weinte noch immer. Sie bekam ihre Tränen nicht unter Kontrolle.

Die Haustür ging auf, erschrocken kam Marie heraus.

„Hatte sie einen Unfall?"

„Nein Mutter, wir bringen sie erst einmal herein." An Julian gewandt fragte er: „Schaffst du es allein?"

Julian nickte und trug Dana die Stufen hoch. Im Wohnzimmer ließ er sie auf ein Sofa sinken und deckte sie zu. Er setzte sich neben sie auf die Kante des Sofas und hielt ihren Kopf in seinem Arm. Brian blieb unschlüssig in der Tür stehen.

„Mutter, kannst du uns Kaffee bringen?", fragte er.

Marie war froh, eine Aufgabe zu haben und eilte in die Küche.

Nach einer Weile versiegten Danas Tränen. Marie kam mit dem Kaffee herein und stellte die dampfenden Tassen auf den Tisch vor Julian.

„Möchtest du alleine sein?“, fragte Julian leise.

Dana schüttelte den Kopf. „Nein, ich glaube es geht wieder.“

Julian reichte ihr ein Taschentuch, mit dem sie ihre Augen trocknete und ihre Nase putzte.

„Es tut mir leid, ich war darauf nicht vorbereitet.“

„Das konntest du nicht. Du brauchst dich doch nicht zu entschuldigen!“

„Ich habe seit diesem Tag so viele Kinder gesehen. Am Anfang habe ich regelrecht nach Ähnlichkeiten gesucht. Ich war enttäuscht, wenn ich keine fand. Aber diese beiden Mädchen. Oh, Gott Julian das war so unheimlich.“

„Schscht, denk jetzt nicht mehr daran“, Julian strich Danas Locken aus der Stirn. An Brian gewandt meinte er dann: „Sag Ruth, sie soll meine Termine heute Mittag absagen, ich komme nicht mehr ins Büro.“

„Geht klar.“

„Unsinn. Du brauchst nicht hierzubleiben.“

„Ich werde dich so nicht alleine lassen.“

„Ich bin doch nicht allein. Marie ist hier.“

„Trotzdem, ich will bei dir sein.“

„Komm heute Abend früher nach Hause. Aber sag nicht schon wieder alles ab wegen mir. Das ist nicht gut.“

„Kleines, die Welt geht nicht unter, wenn ich ein paar Termine verschiebe."

„Trotzdem. Ich werde eine heiße Schokolade trinken und dann geht es mir wieder besser, versprochen."

Unschlüssig sah Julian von Dana zu Brian und Marie. Doch diese schauten ihn noch ratloser an, als er es selbst war. Richtig, die beiden hatten ja gar keine Ahnung, fiel es Julian ein.

„Dana, darf ich erfahren, was los war?", fragte Brian unsicher.

Dana nickte. Sie setzte sich auf und nahm ihre Kaffeetasse in die Hand. Vorsichtig nahm sie einen Schluck. Da er nicht mehr heiß war, trank sie weiter. Die anderen setzten sich nun ebenfalls und griffen nach ihren Tassen.

Dana räusperte sich einige Male und berichtete dann vom Verlust ihrer Familie. Sie erzählte von ihrem letzten gemeinsamen Frühstück, von ihrem letzten Einschlaflied, von der letzten Wette, aus welcher Richtung der Zug kommen würde, der letzte Zug. Julian rutschte währenddessen zu ihr auf das Sofa und hielt sie im Arm.

Als sie geendet hatte, sagte lange keiner ein Wort. An Maries Wangen liefen stumme Tränen hinunter.

Schließlich räusperte sich Dana und meinte: „Ihr solltet etwas essen. Ich habe euch um eure Mittagspause gebracht."

Marie stand auf und ging in die Küche. Nach wenigen Augenblicken kam sie mit einer Platte voll Sandwiches wieder zurück. Sie gab jedem eines in die Hand. Dana wollte zuerst ablehnen, nahm es dann aber doch dankbar an. Sie hatte plötzlich großen Hunger.

Nach der Mahlzeit kehrte wieder Schweigen ein. Keiner wusste so recht, was er sagen sollte.

„Ich denke, ihr könnt wirklich unbesorgt wieder an die Arbeit gehen. Mir geht es wieder besser. Wenn es euch beruhigt, kann ich ja bei Marie in der Küche bei den Vorbereitungen des Abendessens helfen."

„Das tust du nicht!", mischte sich Marie zum ersten Mal ein.

„Gut, was schlägst du dann vor?"

„Wir haben eine Hochzeit zu planen, ich habe einen Berg Zeitschriften für dich besorgt, wie wäre es, wenn du damit heute Nachmittag beginnen würdest?", schlug Marie vorsichtig vor.

„Nur, wenn du mir dabei hilfst!", erwiderte Dana und lächelte schwach.

„Abgemacht."

Zusammen mit Marie, ging Dana in die Küche, nachdem Brian und Julian wieder in die Firma gefahren waren. Auf dem Tisch lag ein Stapel Zeitschriften. Die beiden setzten sich und begannen nach kurzer Zeit damit, Listen zu erstellen.

16.

An diesem Abend verlief das Abendessen schweigend. Dana fühlte sich zunehmend unwohler. War ihr Ausbruch am Mittag schuld an der getrübten Stimmung? Unzählige Male stellte sie sich diese Frage, fand jedoch keine Antwort darauf. Sie hielt ihren Blick gesenkt. Würde ihre Vergangenheit sie jetzt einholen? War Julian sich bewusst geworden, dass sie mit dieser Vergangenheit nicht zu ihm passte? Nur sie wusste um die Fortschritte, die sie in den letzten Wochen gemacht hatte. Nur sie wusste, in welchem Zustand sie sich noch vor wenigen Wochen befunden hatte. Dennoch war auch ihr bewusst geworden, dass sie von einem normalen Leben wohl noch weit entfernt wäre.

Das Rücken eines Stuhls holte sie aus ihren Gedanken heraus. Dana schaute auf und sah, dass Julian aufgestanden war. Er ging zum Kühlschrank und holte sich eine Dose Bier. Sie überlegte, wann sie ihn mal Bier trinken gesehen hatte und stellte fest, dass dies noch nie der Fall gewesen war. Sie suchte Brians Blick, doch dieser schnitt hochkonzentriert an einer grünen Bohne herum. Auch Marie hatte ihren Blick gesenkt.

Julian kam wieder zurück und setzte sich an den

Tisch. Er schob seinen Teller beiseite, von dem er kaum etwas gegessen hatte und öffnete die Dose. Er hob sie an seinen Mund, stellte sie jedoch wieder ab, ohne etwas getrunken zu haben. Schließlich schob er auch die Dose weg und stand auf.

„Ihr entschuldigt mich", murmelte er und ging zur Tür hinaus.

Dana wusste nicht, was sie tun sollte. Sie überlegte, ob sie ihm hinterher laufen sollte. Doch wenn er ihre Nähe gewollt hätte, hätte er die Küche nicht alleine verlassen. Ihre Gedanken wirbelten umher. Schließlich sah sie wieder zu Brian.

Er erwiderte ihren Blick. Sie konnte jedoch nichts daraus lesen.

„Liegt es an mir?", fragte sie vorsichtig.

„Dana, wie kommst du darauf?", wollte er wissen. „Verdammt, nein, natürlich nicht. Vielleicht lässt du ihn noch kurz die Zeit, sich zu sammeln. Aber glaub mir, an dir liegt es nicht."

Dana nickte vorsichtig und stand auf. Mit zittrigen Beinen ging sie aus der Küche. Was sollte sie tun? Sie wusste nicht, wo Julian war, wollte ihm aber noch nicht begegnen. Sie würde ihm Zeit lassen, wie Brian ihr geraten hatte.

Sie holte sich eine Jacke und ging in den Garten. Die frische Luft würde ihr guttun, beschloss sie. Die feuchte Luft des Abends hatte das Gras nass werden lassen. Ihre Sportschuhe sogen sich mit Wasser voll, bereits nach wenigen Schritten hatte sie nasse Socken. Dana ließ sich davon nicht abhalten. Sie lief unter den großen Bäumen hindurch, kam am Pool vorbei. Es würde in diesem Jahr nicht mehr viele Möglichkeiten geben, ihn zu benutzen, ging es ihr durch den Kopf.

Sie kam zu einem Blumenbeet, in dem die Sommerblumen ihre Köpfe hängen ließen und die Herbstblumen langsam ihre Knospen öffneten. Neben dem Beet stand eine Steinbank. Obwohl sie wusste, dass der Stein kalt sein würde, setzte sie sich darauf.

Die Nacht war fast ganz hereingebrochen. Sie konnte keine Vögel mehr zwitschern hören, lediglich das Rauschen der Wellen des Meers, das vor ihr lag, war zu hören. Sie genoss die Stille. Dana hätte nicht sagen können, wie lange sie in der Dunkelheit saß und ihren Gedanken freien Lauf ließ. Hinter dem Haus kam der Mond langsam am Himmel empor.

Irgendwann hörte sie Schritte, die sich ihr näherten. Sie drehte sich um und sah, dass Julian zu ihr kam.

„Hey“, flüsterte er und setzte sich zu ihr.

„Hey“, flüsterte sie zurück. „Du bist ganz nass“, stellte Dana fest, als er sich zu ihr setzte.

„Ich habe etwas Sport gemacht“, antwortete Julian.

Beide saßen schweigend da und lauschten den Geräuschen der Nacht. Julian legte seine Arme um Dana und zog sie zu sich heran.

„Heute ist das Urteil gesprochen worden“, fing er leise an.

Dana drehte sich zu ihm. Sie wusste sofort, wovon er sprach. Der Grund, warum sie sich kennengelernt hatten, dachte sie – Luke Baker.

„Du wurdest nicht angehört“, stellte sie fest.

„Meine Anwälte konnten das verhindern. Ich habe an die Tat keinerlei Erinnerung und er hat gestanden. Was gibt es da noch zu sagen.“

Julian legte sein Kinn auf ihren Kopf und sah in die Ferne. Schließlich fuhr er fort: „Brian war bei der Urteilsverkündung. Der Anruf kam kurz nachdem wir wieder im Büro waren.“

Dana hörte, wie er tief Luft holte. Sie hätte Julian gerne in den Arm genommen, traute sich aber nicht, sich zu bewegen. So wartete sie, bis er von sich aus weitererzählte.

„Sie haben ihn zu sechsundzwanzig Jahren verurteilt. Sechsundzwanzig Jahre.“

Wieder schwieg er, zog sie jedoch fest in seine Arme.

„Du hättest fast mit deinem Leben bezahlt. Was sind im Vergleich dazu sechsundzwanzig Jahre?“, fragte Dana.

„Schon, ich weiß. Ich weiß.“ Er atmete tief ein und stieß die Luft wieder aus.

Dana befreite sich aus seiner Umarmung und setzte sich rittlings auf seinen Schoß. Sie hielt ihn fest an sich gedrückt. Spürte die Wärme, die er unter seinen verschwitzten Sachen ausströmte.

„Du erkältest dich“, sagte sie dicht an seinem Ohr.

„Kann sein“, stimmte er zu.

„Ich dachte, ich bin der Grund“, fuhr Dana nach

einer Weile fort.

„Der Grund wofür?“, fragte Julian und schob sie so weit von sich, dass er sie ansehen konnte.

„Dafür, dass du beim Abendessen nichts gesprochen hast. Ich dachte, mein Benehmen heute Mittag wäre schuld. Ich hatte Angst, dass du mich nach Hause schickst.“

Die letzten Worte waren nur noch geflüstert. Julian konnte sie fast nicht mehr verstehen.

„Dich nach Hause schicken? Liebes, das hier ist dein zu Hause. Oh Gott ...“ Er zog sie wieder zu sich. „Es tut mir leid. Ich habe nicht nachgedacht. Ich habe einfach noch etwas Zeit gebraucht. Ich hätte noch im Büro bleiben sollen.“

„Nein, nein, ich bin froh, dass du heimgekommen bist. Und ich bin froh, dass du mit mir gesprochen hast.“

Wieder schwiegen sie eine Weile.

„Was das Urteil für dich überraschend?“, wollte Dana wissen.

„Nein, eigentlich nicht. Im Gegenteil, es ist genauso, wie mein Anwalt vorhergesehen hat. Aber es dann zu hören, ist einfach noch mal etwas anderes.“ Julian fuhr sich mit einer Hand durch die Haare. „Ich kenne Luke schon fast ein Leben lang. Aber das habe ich dir ja schon gesagt. Ich meine einfach, ich verstehe nicht, wie er das tun konnte. Er hatte hohe Schulden er war ein Spieler, schon immer. Ich weiß, dass die Menschen wegen Schulden weit gehen. Aber er weiß, dass ich ihm geholfen hätte. Ich hätte eine Lösung gefunden.“

„Du hättest von ihm verlangt, dass er sich mit seiner Spielsucht helfen lässt. Du hättest ihm verschiedene Bereiche entzogen, in denen er tätig war. Das wusste er und das wollte er nicht“, meinte Dana.

Julian nickte. „Nein, das wollte er nicht.“

„Lass uns ins Haus gehen, du musst heiß duschen.“

Langsam stand Julian auf und zog Dana mit sich hoch. Dann beugte er sich zu ihr hinab und küsste sie, bis ihnen beiden schwindelig wurde.

„Ich werde mich erst daran gewöhnen müssen, dass ich meine Sorgen mit jemandem teilen kann“, flüsterte Julian während er an Danas Lippen knabberte. Dann zog er sie mit sich. Sie kamen am Pool vorbei und spontan zog Julian an Danas Hand. Gemeinsam mit ihr sprang er ins Wasser. Sie kam prustend und lachend wieder an die Oberfläche.

„Was tust du?“, rief sie und wischte sich das Wasser aus den Augen.

„Das ist herrlich“, antwortete Julian und schwamm mit wenigen Zügen zu Dana. Bevor sie antworten konnte, hatte er ihre Lippen wieder mit seinen verschlossen und tauchte erneut mit ihr unter.

17.

Dana und Julian hatten sich darauf geeinigt, die Hochzeit im Frühsommer auszurichten. Die Zeit bis dahin würde wahrscheinlich in Windeseile verfliegen.

Eines Abends lag Dana in Julians Arm vor dem Kaminfeuer. Dana hatte den Tag über mit Marie unzählige Läden aufgesucht und ein Brautkleid nach dem anderen anprobiert. Eigentlich hatten sie nach vielen Stunden die Suche auf einen anderen Tag verschieben wollen. Auf dem Weg zu ihrem Auto kamen sie jedoch an einem kleinen Laden vorbei, der in einem kleinen Schaufenster ein einzelnes Brautkleid ausgestellt hatte.

„Also los, Marie, eines schaffen wir noch", versuchte Dana mehr sich als Marie zu überzeugen. Marie hatte den ganzen Tag rote Wangen und strahlte vor Glück. Schon mehrfach war sie als Brautmutter angesprochen worden.

Dana stieß die Tür auf und gemeinsam betraten sie den Laden. Beide blieben wie angewurzelt stehen, als sich ihre Augen an den dezent ausgeleuchteten Raum gewöhnt hatten. Überall standen kleine, antike Tischchen und Stühle. In Regalen aus Holz waren neben modernen Accessoires alte Hüte oder Handschuhe drapiert.

Neben einem alten Zylinder lag ein moderner Schleier. Neben einem Blumensträußchen lag eine Zigarre und überall dazwischen hingen Hochzeitskleider.

Dana löste sich zuerst aus ihrer Starre und lief auf ein Kleid zu, das in einer Ecke hing. Es war ein schlichtes weißes Kleid. Mit einem Neckholder wurde es gehalten. Keinerlei Spitze unterbrach den ruhigen Fluss der Seide. Im Bereich der Taille hatte es einen rundherumlaufenden Streifen aus kleinen Perlen.

„Entschuldigung, dass ich Sie warten ließ", sagte eine zierliche Frau und kam zu ihnen in den Laden. „Ich habe gerade ein Kleid aufgebügelt, das musste ich noch schnell beenden. Ich bin Nicole, kann ich Ihnen behilflich sein?"

„Vielen Dank, wir schauen uns noch ein bisschen um", antwortete Marie und beobachtete Dana.

Dana stand noch immer vor dem Kleid in der Ecke. Dann drehte sie sich langsam um und sagte zu der Verkäuferin: „Hallo. Ich glaube, dieses würde ich gerne einmal anprobieren."

„Eine gute Wahl. Ich hole es Ihnen schnell vom Bügel herunter."

Mit dem Kleid gingen die drei Frauen in eine großzügige Umkleidekabine. Dana zog sich aus und ließ sich von Marie und Nicole, der Verkäuferin, in das Kleid helfen.

Schließlich zog Nicole den Reißverschluss zu und Dana drehte sich um. In Maries Augen glitzerten Tränen. Nicole stand der Mund offen. Dana nahm nichts davon wahr. Sie trat aus der Kabine heraus vor einen großen Spiegel. Das Kleid war wie für sie gemacht. Dana war sprachlos. Dieses Kleid war der wahrgewordene Traum einer jeden Braut.

„Das nehme ich, Marie, was meinst du?“, wollte Dana wissen.

Marie putzte sich die Nase. „Ich glaube, da musst du nicht länger darüber nachdenken, Kind. Wenn du dieses Kleid nicht kaufst, wirst du es ein Leben lang bereuen.“

„Unglaublich. Jetzt führe ich diesen Laden schon seit so vielen Jahren. Aber noch nie hat ein Kleid so hundertprozentig zu einer Braut gepasst, wie in Ihrem Fall.“ Nicole war außer sich vor Begeisterung.

Dann suchte sie noch passende Schuhe heraus. Dana schlüpfte hinein und drehte sich vor dem Spiegel.

„Ich glaube, man muss an diesem Kleid nicht einmal etwas ändern“, murmelte Nicole, während sie an der Seide herumzupfte.

„Können Sie alles einpacken?“, fragte Dana.

„Selbstverständlich. Ich werde Ihnen vorsichtshalber noch die Karte einer Schneiderin dazulegen. Eventuell muss kurz vor dem Termin doch noch eine Änderung vorgenommen werden.“

Noch vom Auto aus hatte Dana Hanni angerufen und ihr die Neuigkeit berichtet.

Während das Feuer knackte, ließ Dana ihren Tag in Gedanken Revue passieren.

„Wir müssen noch eine Gästeliste erstellen“, sagte sie dann zu Julian.

„Hmm?“, müde öffnete Julian die Augen. „Entschuldige bitte, ich glaube, ich bin kurz eingeschlafen.“

„Das tut mir leid. Sollen wir ins Bett gehen?“

„Nein, schon in Ordnung. Was hast du gesagt?“

„Die Gästeliste für die Hochzeit. Wir werden uns bald daran setzen müssen.“

„Sicher. Ich habe mir schon ein paar Gedanken gemacht. Aber so groß wird die Liste von meiner Seite nicht werden“, antwortete Julian.

„Wirst du deine Mutter einladen?“

„Warum fragst du?“

„Diese Frau ist bis heute ein Phantom für mich. Ich habe sie noch nie gesehen und es wird auch nicht über sie gesprochen.“

„Sie ist nicht gerade eine Person, über die man gerne spricht.“

„Was ist sie denn für eine Person?“, hakte Dana nach.

„Sie ist ein sehr egoistischer Mensch. Wenn jemand nicht nach ihrer Pfeife tanzt, lässt sie denjenigen fallen wie eine heiße Kartoffel.“

„Hat sie das bei dir getan? Hat sie dich fallen lassen?“

„Oh nein, das würde sie sich nicht trauen. Zuerst nimmt sie die Menschen in ihrer Nähe aus. Nimmt ihnen das letzte Hemd. Erst wenn der Geldhahn zu ist, wirft sie sie weg.“

„Du zahlst ihr Geld?“

„Sagen wir so, ich bin für die Unkosten, die ihr in meiner Kindheit entstanden sind, aufgekommen. Ich habe ihr unmissverständlich erklärt, dass sie nie wieder auch nur einen Cent von mir erhält. Dennoch spekuliert sie darauf. Ihrer Meinung nach hat sie ein Leben lang Opfer für mich gebracht. Nun ist es an der Zeit, dass ich mich dafür revanchiere und zwar mehr als nur einmal. In regelmäßigen Abständen taucht sie hier auf und versucht mir ein schlechtes Gewissen zu machen und bei der Gelegenheit macht sie dann auch keinen Hehl um ihre Forderungen."

„Das hat sie gesagt? Dass sie sich aufgeopfert hat? Tut das nicht jede Mutter bedingungslos für ihr Kind?"

„Nicht meine Mutter. Für sie war ich ein Ärgernis, dass ihr die Figur ruiniert hat. Sie konnte mich gar nicht schnell genug loswerden."

„Wohin hat sie dich gebracht?"

„Ich war überall. Bei Nachbarn, aber auch bei Fremden. Wir hatten nie viel Geld, sie konnte sich keine Babysitter leisten."

„Was ist mit deinem Vater?"

„Ich weiß nicht, wer mein Vater ist. Sie hat es mir nie gesagt. Wahrscheinlich weiß sie es selbst nicht."

„Du kennst deinen Vater nicht", es war mehr eine Feststellung denn eine Frage von Dana.

„Nein, sie hielt es nicht für wichtig, dass ein Kind etwas über seine Herkunft erfährt. Ich hatte zu essen und einen Platz zum Schlafen, damit musste ich mich zufriedengeben."

„Lebt sie allein?"

„Gott bewahre. Sie könnte nie ohne einen Mann leben. Sie hat mittlerweile zum fünften oder sechsten Mal geheiratet. Ich zähle schon gar nicht mehr mit. Sie lädt nie zu einer Hochzeit ein. Irgendwann kommt mal wieder eine Karte ins Haus geflattert und dann weiß ich, dass sie wieder einen neuen Namen hat."

Dana küsste Julian lange. Dann flüsterte sie ihm ins Ohr: „Lass uns jetzt hoch gehen."

In der nächsten Woche verschickten sie die Einladungen. Dana lud ihre alten Kollegen mit deren Familien ein und natürlich Frank und Hanni. Julian lud eine Handvoll Mitarbeiter und ein paar Freunde ein. Insgesamt blieb die Liste der Gäste überschaubar. Brian sollte Julians Trauzeuge wurden, Dana konnte sich noch nicht festlegen.

Marie konnte beim Planen der Menüfolge nicht gebremst werden. Ständig überlegte sie neue Meisterwerke, die sie dann sofort ausprobierte.

Die Tage waren mit der Organisation der Hochzeit ausgefüllt. Blumenarrangements mussten ausgesucht werden. Die Torte wurde bestellt, Dana ließ Tischkärtchen drucken und stellte mit dem Caterer die Getränke und Snacks zusammen.

Die Zeitung druckte eine ganze Seite über das bevorstehende Ereignis.

Eines Nachmittags klingelte es. Da Dana wusste,

dass Marie Besorgungen machte, ging sie selbst an die Sprechanlage.

„Ja bitte?“, fragte sie.

„Vivien Carlyle, ich möchte zu meinem Sohn!“

Danas Magen begann zu flattern. Sie wusste, dass Julians Mutter Vivien mit Vornamen hieß, den aktuellen Nachnamen hatte er ihr nicht sagen können. Mit zittrigen Händen drückte sie den Öffner für das vordere Tor. Nur Sekunden später hörte sie einen Wagen über den Kies der Zufahrt preschen.

Als sie hörte wie draußen die Autotür zugeschlagen wurde, öffnete sie die Haustür. Die Frau, die die Stufen heraufgestürzt kam, erinnerte an eine Furie. Sie drängte Dana förmlich ins Haus zurück.

„Sie,... Sie ..., wie können Sie es wagen, sich in das Leben meines Sohnes einzuschleichen und ihn mir wegzunehmen, ohne, dass ich auch nur ein Wort davon erfahre?“

Dana setzte zu einer Antwort an. Doch bevor sie auch nur etwas sagen konnte, wurde sie unterbrochen.

„Man stelle sich vor, aus der Zeitung! Ich musste es aus der Zeitung erfahren! Da komme ich aus meinen Flitterwochen zurück, und möchte diese schönste Zeit meines Lebens, auf die ich nun einmal ein Recht habe, nachdem ich mich jahrelang geopfert habe, genießen. Ich schlage die Zeitung auf, und was muss ich sehen? Irgendein dahergelaufenes Luder krallt sich mein Kind. Meinen einzigen Sohn.“

Dana war ganz schlecht geworden. Selbst wenn sie gewollt hätte, sie hätte keinen Ton herausbekommen.

„Sie glauben wohl, dass Sie etwas Besseres sind? Dabei sind Sie doch nur hinter seinem Geld her. Noch dazu nicht einmal amerikanische Staatsbürgerin. Was wissen Sie schon über unsere Traditionen? Sie könnten meinen Sohn doch nicht einmal glücklich machen, wenn er Sie dafür bezahlen würde. Ach richtig, wahrscheinlich bezahlt er Sie ja."

Abwertend blickte sie an Dana hinunter.

„Hat Sie sicher neu eingekleidet, Sie mit Schmuck behängt. Haben Sie es nicht nötig, mir zu antworten? Ach richtig, wahrscheinlich vergeude ich hier nur meine Zeit, wahrscheinlich verstehen Sie nicht ein Wort von dem was ich Ihnen sage. Ich gebe Ihnen dennoch einen Rat. Verschwinden Sie aus dem Leben meines Sohnes solange noch Zeit dazu ist. Ansonsten werde ich dafür sorgen, dass Sie jeden einzelnen Tag in Ihrem schäbigen Leben bereuen werden."

Vivien war Dana mit jedem Wort näher gekommen. Bei ihren letzten Worten stach sie mit ihrem Zeigefinger gegen Danas Brust, um ihre Worte zu unterstreichen.

„Vergessen Sie meine Worte nicht!", schrie Vivien und bleckte dabei ihre Zähne.

Damit drehte sie sich um und verließ das Haus, so schnell, wie sie es betreten hatte. Dana brachte nicht mehr die Kraft auf, zu einem Stuhl zu gehen.

Sie ließ sich an Ort und Stelle auf den Boden sinken. Sie bedeckte ihr Gesicht mit beiden Händen und versuchte ruhig durchzuatmen.

Als die Haustür erneut aufflog, wäre sie vor Schreck fast ohnmächtig geworden. Marie kam hereingerannt.

„War das Vivien? Ist Vivien gerade vom Grundstück gerast, als wäre der Leibhaftige hinter ihr her?"

Dana nickte nur und ließ ihren Kopf wieder in ihre Hände sinken. Marie kniete sich vor Dana auf den Boden.

„Kind, hat sie dir wehgetan?"

„Nicht körperlich."

„Diese Schlange. Egal was sie gesagt hat, vergiss es auf der Stelle wieder. Sie ist es nicht wert, dass man sich Gedanken über sie macht."

Doch Dana zitterte immer noch. Sie war in ihrem Leben mit so viel Elend und Leid konfrontiert worden, doch noch nie hatte ein Mensch sie derart aus dem Gleichgewicht gebracht wie diese Frau.

„Ich rufe Julian an", sagte Marie entschlossen.

„Nein", wehrte Dana ab. „Julian hat so viel um die Ohren. Vielleicht sollten wir ihm gar nichts sagen."

Dana blickte auf. Sie sah Maries ängstlichen Blick, aber auch die Wut, die sich in ihren Augen spiegelte.

„Ich weiß nicht, ob das etwas ist, was du ihm verheimlichen solltest. Ihr solltet keine Geheimnisse dieser Art voreinander haben. Er wäre verletzt, würde er es erfahren und glaub mir, es gibt nur wenig was deinem zukünftigen Mann entgeht."

Kaum, dass Marie die Worte ausgesprochen hatte, flog die Haustür erneut auf und Julian kam herein. Er sah Dana und Marie, die auf dem Boden saßen und war mit nur wenigen Schritten bei ihnen.

Er hob Danas Gesicht und sah sie an.

„Geht es dir gut, Kleines, hat sie dir etwas getan?"

Marie nickte in Danas Richtung und hob die Augenbrauen. Es gab wirklich nichts, was einem Julian Dillon entging. Sie stand auf und ließ die beiden alleine.

Julian hob Dana vom Boden auf und trug sie ins Wohnzimmer.

„Wenn du das tust, meine ich immer, ich wäre federleicht", Dana versuchte einen scherzhaften Ton anzuschlagen, sie merkte aber selbst, dass ihr das nicht gelang.

„Kleines, du bist federleicht", stellte Julian richtig und ließ sich auf ihr Spiel ein. Dennoch war er froh, als er spürte, dass Danas Zittern langsam nachließ. Sobald er erfahren hatte, dass seine Mutter sich auf seinem Grundstück befand, war er aus seiner Konferenz gestürmt und hierher gefahren. Dana dann am Boden kauernd zu sehen, hatte ihm schier das Herz stehen lassen.

„Ich weiß, dass es viel verlangt ist, aber versuch am besten alles zu vergessen, was diese Frau dir an den Kopf geworfen hat."

Dana sah Julian an.

„Was habe ich ihr getan?"

„Nichts. Sie hat gerade erfahren, dass der Mann, den sie geheiratet hat, ein Spieler ist. Von all dem Geld, das er ihr versprochen hat, ist nichts mehr übrig. Er hat alles schon vor langer Zeit verspielt. Überall hat er Schulden. In den Flitterwochen hat er nun auch ihr Geld verspielt. Das hat sie wohl aus dem Gleichgewicht gebracht. Als sie nun auch noch erfahren hat, dass die Geldquelle, in die sie die größte Hoffnung setzt, demnächst noch fester verschlossen sein wird, ist ihr wahrscheinlich eine Sicherung durchgebrannt. Ich kann mich nur für sie entschuldigen."

Julian streichelte Danas Wange. Er hielt sie dicht an sich gepresst. Mittlerweile hatte sie aufgehört zu zittern.

„Dana, ich werde dafür sorgen, dass sie dieses Grundstück nicht mehr betritt. Ich werde nicht zulassen, dass sie sich in unser Leben drängt, bitte glaube mir."

Plötzlich hatte er eine ungeheure Angst, Dana könnte ihre Koffer packen und ihn verlassen. Könnte er es ihr verdenken? Sie hatte ihr Leben, in das gerade wieder Ruhe und eine gewisse Routine eingekehrt war, zurückgelassen, um sich hier in einer völlig fremden Welt wiederzufinden. Sie würde einen Mann heiraten, der die meiste Zeit in einem Büro saß und nun bekäme sie es auch noch mit einer psychotischen Schwiegermutter zu tun. Julian zog Dana noch fester an sich.

„Bitte verlass mich nicht", hauchte er ihr ins Ohr.

„Wie kommst du dazu, zu denken, ich würde dich

verlassen?“, fragte Dana verdutzt.

„Ich hatte gerade darüber nachgedacht, wie ich mich an deiner Stelle fühlen würde und Kleines, ich weiß nicht, ob ich all das auf mich würde nehmen können, so wie du das tust.“

„Ich haue nicht ab. Das verspreche ich dir. Aber ich glaube, ich hätte nichts dagegen in Zukunft auf eine Begegnung der dritten Art verzichten zu können.“

Marie kam ins Wohnzimmer. Sie stellte eine Tasse mit heißer Schokolade vor Dana auf den Tisch.

„Brian hat angerufen. Er hat gefragt, ob er kommen soll. Ich habe ihm gesagt, dass alles in Ordnung wäre. Ich hoffe, das war in Ordnung.“

„Ja, natürlich“, antwortete Dana. Dann fügte sie an Julian gerichtet hinzu: „Ich denke, du kannst auch wieder zur Arbeit fahren. Heute lassen wir niemanden mehr durch dieses Tor, du kannst also unbesorgt sein.“

Es brauchte noch einige Überredungskünste, bis Julian sich überzeugen ließ, dass er zu Hause nichts mehr machen konnte und wieder ins Büro fuhr.

Am Abend, als Dana und Julian im Bett lagen, wollte Dana wissen:

„Woher wusstest du, dass sie hier ist?“

Sie musste keinen Namen nennen, Julian wusste, dass Dana an seine Mutter dachte.

„Ich lasse sie beobachten. Ich weiß gerne über

ihren nächsten Schritt Bescheid, noch bevor sie ihn tut. Und jetzt, lass uns nicht mehr über sie sprechen.“

Damit rollte er sich über Dana und küsste sie lange und zärtlich.

Später, als sie dicht aneinander gekuschelt lagen knurrte Julian in Danas Ohr:

„Kleines, ich könnte täglich mit dir schlafen.“

Dana sah ihn an und ihre Augen funkelten im Mondschein, der zum Fenster hereinfiel.

„Du schläfst jeden Tag mit mir!“

„Oh, hmm. Ich bin ein glücklicher Mann.“

Dana kicherte.

„Bist du auch glücklich, Dana?“, fragte Julian mit ernster Stimme.

„Ich bin sehr glücklich.“

„Ich meine, fühlst du dich einsam? Du hast hier kaum Anschluss. Mir ist klar, dass die Frauen meiner Geschäftspartner, die ich dir vorstelle, sehr oberflächlich sind. Ich weiß, dass man mit ihnen keine Freundschaften schließen kann.“

„Ich bin glücklich, wirklich“, sagte sie beharrlich.

Nach einer Weile fügte sie hinzu: „Wer kann schon jeden Morgen bei einem solchen Ausblick Sport machen?“ Dann küsste sie seine Mundwinkel.

„Du liebst mich nur wegen meines Fitnessraums? Ich wusste, dass du mich nur benutzt.“

Mit einem Ruck zog er Dana auf seinen Bauch.

„Ich muss es wirklich wissen, Dana. Wenn du

einsam bist, musst du es mir sagen.“

„Bislang ist mein Tag erfüllt mit Aufgaben. Ich liebe meinen Sprachkurs. Sarah ist wundervoll. Sie ist etwas jünger als wir, so alt wie Brian, schätze ich. Eigentlich hat sie irgendetwas mit Kinderpflege gelernt. Ich habe sie nicht so richtig verstanden. Die letzte Familie, in der sie gearbeitet hat, ist weggezogen. Sie sind in den Nahen Osten ausgewandert. Sarah blieb zurück. Der Job in der Sprachschule ist nur vorübergehend. Ich glaube, sie sehnt sich danach, wieder in eine Familie mit kleinen Kindern zu kommen.“

„Und was ist mit dir? Würdest du auch gerne wieder Kinder haben?“, sprang Julian auf das Pferd auf. Er spürte sofort, wie Dana sich versteifte. Sie versuchte sich neben ihn zu legen. Da Julian Danas Gewicht gerne auf sich spürte, hinderte er sie daran, indem er sie sanft aber bestimmt festhielt. Nach einer Weile entspannte sich Dana wieder. Er wusste, wie wichtig ihr das Bild in ihrer Nachttischschublade war. Das Bild, das sie neben dem kleinen Stern aufbewahrte. Julian wusste, dass sie es jeden Tag mehrfach hervorholte und lange betrachtete. Das Bild zeigte sie zusammen mit Mark und den Kindern. Ein Bild von einem glücklichen Tag aus einem anderen Leben. Einmal hatte er sie gefragt, ob sie es gerne auf den Nachttisch stellen würde, als er ins Schlafzimmer kam und sie mit dem Bild an ihre Brust gedrückt auf dem Bett sitzen sah. Das wollte sie aber nicht. Es schien ihr zu genügen, dass sie es jeder Zeit aus der Schublade holen und halten konnte. Unendlich oft hatte er sich gefragt, ob er auf ihr früheres Leben eifersüchtig sein müsste. Auf den Mann auf dem Bild, den sie wohl immer noch liebte. Auf die Kinder, die sie nie wieder in den Armen halten konnte. Jedes Mal war ihm aber klar geworden, dass Eifersucht nichts bringen würde. Dana wusste, dass dieser Teil ihres Lebens Vergangenheit war und nur noch in ihrer Erinnerung weiterlebte. Wie könnte er auf einen toten Mann eifersüchtig sein?

„Ich habe mir diese Frage schon unzählige Male gestellt“, antwortete sie nun auf seine Frage. „Julian ich liebe dich mehr, als ich mit Worten ausdrücken kann. Ich kann es kaum erwarten, deine Frau zu werden. Bei all dem bin ich mir wirklich sicher. Aber in Bezug auf das Thema Kinder, finde ich einfach keine Antwort. Egal wie meine Meinung ausfällt, immer denke ich, ich belüge mich selbst.“

„Ich liebe dich auch“, antwortete Julian, dankbar für diese ehrliche Antwort. Er ließ Dana nun doch von seinem Bauch herunter und in seinen Arm rutschen und nach wenigen Minuten waren sie eingeschlafen.

Schreiend und um sich schlagend wachte Dana wenige Stunden später wieder auf. Julian versuchte, sie zu halten und zu beruhigen. Es kam ihm wie eine Ewigkeit vor, bis Dana ganz aufgewacht war und wusste, wo sie war. Verwirrt sah sie sich um, spürte die starken Arme von Julian, die sie hielten. Spürte ihr Shirt, wie es feucht, vom Schweiß durchtränkt, an ihrem Rücken klebte.

„Schscht, es war nur ein Traum“, flüsterte Julian ihr ins Ohr und streichelte dabei ihren Kopf.

„Geht schon wieder“, murmelte Dana.

So viele Nächte, in denen Dana keinen Albtraum mehr hatte, waren mittlerweile vergangen. Fast hatte Dana geglaubt, sie endlich hinter sich gelassen zu haben, und nun kam er mit voller Wucht zurück.

„Es tut mir leid, daran bin nur ich schuld“, sagte Julian.

Dana sah auf.

„Wieso glaubst du, dass du schuld an meinem Traum bist?“

„Zuerst meine Mutter, dann die vielen Fragen. Das war einfach zu viel.“

„Vielleicht. Aber das bedeutet noch lange nicht, dass es deine Schuld ist. Du hast deine Mutter ja schließlich nicht eingeladen.“

Dana begann, vor Kälte zu zittern. Julian stand auf und holte Dana ein neues Shirt, dass sie sich dankbar überzog. Sofort spürte sie, wie ihr Körper wieder warm wurde. Sie kuschelte sich dicht an Julian, der ihr zärtlich über den Rücken streichelte.

Es dauerte nicht lange, da fielen beide erschöpft in einen traumlosen Schlaf.

Die nächsten Tage und Wochen vergingen wie im

Fluge. Dana hatte eines Tages Julian darum gebeten, eine kleine Gedenkstätte für ihre verstorbene Familie im Garten errichten zu dürfen.

„Würdest du sie gerne überführen?", fragte er und schaute Dana dabei an.

„Nein, nein. Das wohl nicht. Ich würde sie gerne ruhen lassen. Aber ich glaube, ich würde mich ihnen ein bisschen näher fühlen, wenn ich einen Ort hätte, an dem ich sie besuchen könnte."

„Lass uns im Garten nach der schönsten Stelle suchen gehen", schlug Julian vor und zog Dana hinter sich her und hinaus in den Garten.

Nur wenige Tage später war ein kleiner Gedenkstein aufgestellt worden. Dana hatte einen Platz ausgesucht, der im Schatten einer Eiche lag. Ein Platz, an dem sowohl das Rauschen des Meeres als auch das Zwitschern der Vögel zu hören war. Es war ein Ort der Ruhe und des Friedens. Julian hatte eine kleine Sitzbank aufstellen lassen. Als Dana das erste Mal auf der Bank saß und auf den Stein vor ihr blickte, traten ihr Tränen in die Augen. Aber sie wusste, dass sie die richtige Entscheidung getroffen hatte. Nun hatte sie einen Ort, an den sie mit ihren Lieben reden konnte. Sie freute sich, ihnen bald von ihrer Hochzeit berichten zu können.

18.

„Willkommen zu Hause“, Marie kam die Stufen heruntergerannt und umarmte Dana, die gerade aus dem Auto ausgestiegen war. Brian hatte sie vom Flughafen abgeholt.

„Toll seht ihr aus. Die Flitterwochen scheinen Euch gut bekommen zu haben“, fügte sie lächelnd hinzu. „Ach, wie habe ich euch beneidet, drei Wochen auf den Seychellen“, liebevoll tätschelte sie Danas Wange. Dann nahm sie Julian in den Arm.

„Willkommen mein Junge.“

„Danke Marie, schön wieder zu Hause zu sein“, stellte Julian fest.

Brian kam mit zwei Koffern um das Auto herumgelaufen.

„Habt ihr denen die Steine geklaut, oder was ist hier drin?“, fragte er mit einem Blick auf die Koffer.

Julian lachte. „Du bist einfach keine körperliche Arbeit gewohnt, das ist dein Problem.“

Er ging zum Kofferraum und hievte zwei weitere Koffer heraus.

„Vielleicht haben sie am Zoll unsere Kleidung gegen Backsteine eingetauscht?“, fragte er vorsichtig, als er den zweiten Koffer auf den Boden plumpsen ließ.

Gemeinsam brachten sie das Gepäck ins Haus und gingen dann in die Küche, wo Marie einen kleinen Imbiss vorbereitet hatte.

„Lasst uns doch draußen essen. Der Tag ist so schön", schlug Dana vor.

Schnell brachten sie alles nach draußen und setzten sich unter den großen Ahorn in den Schatten. Während sie in ihr Sandwich biss, musste Dana daran denken, dass sie vor drei Wochen hier, in diesem Garten, ihrem Mann das Ja-Wort gegeben hatte.

Im Beisein ihrer engsten Freunde und Angehörigen hatten sie sich geschworen, immer füreinander da zu sein, sich immer zu lieben. Hanni und Marie hatten ihr beim Ankleiden geholfen. Eine Friseurin hatte Danas Haare hochgesteckt und dabei ein paar kleine Perlen eingesetzt. Dann war es soweit gewesen. An Franks Hand ging sie die Treppe hinunter. Julian stand am Fuß der Treppe, daneben Brian, der sein Trauzeuge war und Sarah, ihre Sprachlehrerin, ihre eigene Trauzeugin. Doch Dana hatte nur Augen für Julian gehabt. Noch immer flatterten Schmetterlinge in ihrem Bauch, wenn sie daran dachte, wie er sie angesehen hatte, wie seine blauen Augen vor Liebe strahlten. Wieder hatte sie sich fragen müssen, wie ein Mensch ein derart schönes Gesicht haben konnte. Schritt für Schritt trat sie ihm entgegen.

Schweigend nahm Julian Dana an die Hand, nachdem sie ihm von Frank anvertraut worden war. Lange sahen sie sich an. Keiner sprach ein Wort.

Dann räusperte sich Brian und holte sie so aus ihrer Starre heraus. Sie gingen hinaus in den Garten. Julian führte Dana, vielmehr stützte er sie, ihre Beine zitterten, dass sie sich heute noch fragte, wie es ihr überhaupt gelungen war, einen Schritt vor den anderen zu setzen. Die Gäste waren aufgestanden, als sie zwischen den Stuhlreihen nach vorne gelaufen waren. Zusammen traten sie vor den Pfarrer, der sie dann traute.

Sie feierten viele Stunden. Frank und Hanni waren zusammen mit Johann, Stefan und Christian und deren Familien bereits in der Woche zuvor angereist. Sie waren alle im Haus einquartiert worden. Es war eine schöne Zeit. Dana genoss die Stunden mit ihren Kollegen. Eines Abends überlegte sie, ob sie ihre Arbeit nicht doch vermisste. Sie hatte so viele Stunden in der Nacht in der Einsatzzentrale verbracht, dass sie sie schon nicht mehr zählen konnte. Sie hatte trotz aller Müdigkeit ihre Nachtschichten geliebt. Dann stellte Dana aber fest, dass dem nicht so war. Nein, sie vermisste nichts. Die Nachtschichten gehörten zu einem anderen Leben. Sie fragte sich, ob der Grund hierfür noch der Reiz des Neuen war, ob sie hier wirklich glücklich sein konnte. Doch in ihrem Inneren wusste sie, dass sie es konnte.

Dann wurde es Zeit, sich für die Flitterwochen zu verabschieden. Dana und Julian standen drei gemeinsame Wochen bevor. Eine Zeit, die sie nie zuvor zusammen am Stück miteinander verbracht hatten. Es wurde eine unvergleichliche Zeit, die, Danas Meinung nach, viel zu schnell zu Ende ging. Auch wenn sie spürte, dass Julian von einer inneren Unruhe geplagt wurde und immer öfter sein Notebook mit an den Strand nahm. Er war eben durch und durch ein Geschäftsmann. Hinzu kam, wie Dana von Marie erfahren hatte, dass Julian nie zuvor Urlaub genommen hatte. Es war eine völlig neue Erfahrung für ihn.

Stolz musste sie zugeben, dass er tapfer durchgehalten hatte. Immerhin waren sie auf einer Insel und ihr Tagesablauf beschränkte sich auf essen, schlafen und an den Strand gehen. Und sich zu lieben, fügte Dana in Gedanken schmunzelnd hinzu.

Sie erinnerte sich an die langen Strandspaziergänge nach dem Abendessen und daran, dass Julian ihr ständig kleine Geschenke überreicht hatte.

„Woran denkst du?“, wollte Julian wissen. Sie waren mittlerweile fertig mit ihrem Imbiss und Julian hatte schon sein I-Phone in der Hand.

„Ich habe gerade an den Strand gedacht“, antwortete Dana. „Musst du noch ins Büro?“

„Nein, heute nicht, ich wollte nur kurz ein paar Dinge abklären.“

„Lass uns doch ein paar Schritte gehen“, schlug Brian vor, „dann bringe ich dich auf den neuesten Stand.“

Fragend schaute Julian zu Dana.

„Geht ruhig. Ich kann mich beschäftigen."

Zusammen mit Marie räumte sie das Geschirr in die Küche. Dann holte sie ihr Handy, legte sich in einen Liegestuhl in den Schatten und rief Sarah an.

„Hallo, frischgebackene Ehefrau", freute sich Sarah. „Seid ihr wieder gut nach Hause gekommen?"

„Ja, wir sind seit einer Stunde hier. Und seit wann bist du zurück?"

Sarah hatte ihren Urlaub um einen Tag verschoben, um als Trauzeugin zur Hochzeit kommen zu können.

„Ich bin in der Nacht zurückgekommen. Jetzt leide ich unter einem monströsen Jetlag."

Die beiden telefonierten, bis Julian und Brian von ihrem Spaziergang zurückkamen. Dana war zu ihrem Gedenkstein geschlendert, hatte im Stillen ihre Lieben begrüßt und war dann wieder zurück zu ihrer Liege gekommen, um es sich darauf bequem zu machen, solange sie mit ihrer Freundin plauderte.

„Na, mit wem hast du gesprochen?", wollte Julian wissen und zog sich auch einen Stuhl heran.

„Mit Sarah, sie ist auch vor ein paar Stunden gelandet."

„Ah, Sarah also", Brian schob Danas Beine zur Seite und setzte sich neben sie auf die Liege. „Erzähl mir mehr von dieser Frau", forderte er in neckendem Ton.

„Was interessiert dich meine Freundin?", neckte ihn Dana zurück.

„Du meinst, deine überaus gut aussehende Freundin?“

„Genau, also, warum willst du etwas über sie wissen?“

„Dana, ich will nicht *etwas* über sie wissen, ich will *alles* über sie wissen.“

„Dann wirst du sie fragen müssen?“, schlug Dana vor.

„Oh Mann, ihr Frauen bringt einen um mit eurer geheuchelten Diskretion. In Wirklichkeit quatscht ihr über alles und jeden. Aber wehe ein Mann braucht ein paar kleine Eckdaten, da werdet ihr verschwiegen wie ein Priester.“

Sich selbst die Haare raufend stand Brian auf. „Ich werde an die Informationen kommen, ob mit oder ohne deine Hilfe.“

Lachend blieb Dana auf ihrer Liege zurück. Da Julian schon wieder einen Anruf entgegengenommen hatte, nutzte sie die Gelegenheit und rief Hanni und Frank an. Es war schön, wieder ihre Stimmen zu hören. Dana fragte sich während des Gesprächs, wann sie die beiden wieder sehen würde.

Schließlich schrieb sie noch Mails an ihre ehemaligen Kollegen.

19.

Am nächsten Morgen stieg Dana vergnügt in ihr Auto. Sie hatte von einem kleinen Antiquitätengeschäft gehört, dort wollte sie nach einem Geburtstagsgeschenk für Marie suchen. Sie suchte einen neuen Sender im Radio und fuhr los. Julian würde heute Abend erst spät nach Hause kommen, der Tag gehörte ihr. Vielleicht fand sie auch noch ein kleines Geschenk für ihn. Sie strich über ihren Ehering. Schnell hatte sie sich an dieses Schmuckstück gewöhnt. Ihren anderen Ehering, den, den Mark ihr nur wenige Jahre zuvor angesteckt hatte, bewahrte sie in ihrer Nachttischschublade auf. Sie dachte an ihre kleinen Schätze, die sie darin verstaut hatte.

Julian hatte nie von ihr verlangt Marks Ring abzulegen. Ihr selbst war es falsch vorgekommen, ihn weiter zu tragen. In ihrem Herzen würde sie Mark und ihre Mädchen bewahren. Sie dachte an die Stunden, die sie an den Gräbern ihrer Liebsten verbracht hatte. Dennoch war sie vor ihrer Hochzeit mit Julian eines Morgens in die Kirche gegangen und hatte dort zu Mark und ihren Mädchen gesprochen. Danach hatte sie den Ring, den sie seit dem Tag ihrer Hochzeit getragen hatte, ohne ein auch nur ein einziges Mal abzunehmen, abgenommen und zu dem Bild in die Schublade gelegt.

Schließlich schüttelte sie ihre Gedanken ab, setzte sich ihre Sonnenbrille auf und fuhr laut singend durch die Straßen in Richtung Norden. Sie wurde von einem anderen Geländewagen überholt und fragte sich beiläufig, was der Fahrer des Wagens sich davon versprach. Da sie selbst schon leicht über der zulässigen Geschwindigkeit fuhr, musste er deutlich darüber sein. Egal, dachte sich Dana, drehte das Radio etwas lauter und genoss die wärmenden Strahlen der Sonne, die durch die Windschutzscheibe trafen.

Dann sah sie, dass der Fahrer des vor ihr fahrenden Wagens erneut ausscherte, um einen Lkw zu überholen. Was tut der? Schoß es Dana durch den Kopf. Dann ging alles ganz schnell. Im Gegenverkehr kamen mehrere Fahrzeuge, so dass der Fahrer gezwungen war, den Überholvorgang abzubrechen, zeitgleich schien der Lkw vor ihnen seine Geschwindigkeit Richtung Stillstand zu drosseln. Der Fahrer des Geländewagens zog sein Fahrzeug gerade wieder hinter den Lkw, der nach wie vor seine Geschwindigkeit stark verringerte. Der Geländewagen schoss, ohne auch nur die Bremse anzutippen, in den Lkw hinein.

„Oh mein Gott!", schrie Dana.

Sie selbst trat ohne darüber Nachzudenken voll auf die Bremse. Ihre Finger verkrampften sich um das Lenkrad. Der Lkw war nun auch zum Stehen gekommen. Dana kam nur wenige Zentimeter hinter dem Geländewagen, von dem nicht mehr viel zu sehen war, zum Stehen. Ihr Herz raste. Vor ihr aus dem Auto stieg Rauch auf. Sie wusste nicht, ob der völlig demolierte Wagen brannte oder was den Rauch verursachte.

Was sie erkennen konnte war, dass von dem Geländewagen der größte Teil unter dem Lkw verkeilt war. Die gesamte Motorhaube und ein Großteil der Fahrgastzelle steckten unter dem Lkw. Mit zittrigen Händen öffnete sie ihre Tür und wollte aussteigen. Ihr Sicherheitsgurt, den sie vergessen hatte zu lösen, hinderte sie am Aussteigen und riss sie wieder zurück ins Fahrzeug.

„Mist, Mist, Mist", rief Dana verzweifelt und drückte auf dem Gurtschloss herum. Schließlich gab der Gurt sie frei. Noch waren keine anderen Menschen bei dem Unfallwagen. Sie konnte nicht sagen, ob der Lkw-Fahrer den Unfall überhaupt bemerkt hatte.

Sie näherte sich dem Wrack. Im Inneren des Wagens herrschte ein heilloses Durcheinander. Dann erkannte sie zwei Kindersitze, die auf der Rückbank lagen. Dana wollte ihren Augen nicht trauen. Waren da Kinder? Nein, die Sitze waren zum Glück leer. Sie versuchte die Tür des Wagens zu öffnen. Diese war jedoch so schwer beschädigt, dass sie sich nicht mehr öffnen ließ. Den Fahrer konnte Dana nicht sehen, der vordere Teil des Wagens war derart mit dem Lkw verkeilt, dass man nichts mehr erkennen konnte. Sie sah eine Bewegung im Wagen und schaute wieder auf die

Rücksitzbank.

Tatsächlich, da bewegte sich etwas. Wo war denn Hilfe, warum kam denn niemand? Auch nach ihr war bislang kein weiteres Fahrzeug herangefahren. Die Zeit schien in Zeitlupe zu vergehen.

Sie versuchte mit aller Kraft die Scheibe des Wagens einzuschlagen, schaffte es jedoch nicht. Dann rannte sie zurück zu ihrem Wagen. Dort holte sie aus ihrem Handschuhfach den Nothammer, über den sie Tage zuvor noch geschmunzelt hatte, als sie ihn entdeckt hatte. Sie wusste, dass Julian ihn dort im Handschuhfach angebracht hatte. Den Gedanken verwerfend rannte sie wieder zu dem Geländewagen. Sie schlug mehrfach gegen die Scheibe, bevor diese endlich nachgab und riss. Mit dem Ärmel ihrer Jacke drückte sie das gesplitterte Verbundglas zur Seite, um ins Fahrzeug sehen zu können.

Sie konnte das Wimmern eines Kindes hören. Dana kroch so weit es ging in das Fahrzeug und räumte die herumliegenden Sachen weg. Dann schaute sie auf einmal in ein kleines Gesicht. Der Junge konnte höchstens drei Jahre alt sein.

„Komm, mein kleiner Freund, ich helfe dir raus", sagte sie zu ihm und reichte ihm ihre Hände. Der kleine Junge hielt sich an ihr fest und ließ sich herausziehen.

Als sie ihn auf dem Boden neben sich absetzte, schaute er sie an und sagte: „Daniel."

„Du heißt Daniel? Ich heiße Dana."

Das Kind schüttelte den Kopf.

„Simon."

„Ist das dein Name? Simon?"

Stolz nickte der Junge.

„Komm wir gehen etwas von der Straße weg", schlug Dana vor.

Das Kind rührte sich nicht. Dana sah ihn an.

„Daniel auch holen", meinte der Junge bestimmt.

Erst jetzt dämmerte Dana, dass sich eventuell ein weiteres Kind im Fahrzeug befinden könnte. Ihr fiel der zweite Kindersitz ein. Sie zwang sich wieder durch die Fensteröffnung und wühlte in dem Chaos. Auf einmal ertastete sie ein kleines Beinchen. Hektisch versuchte sie das Kind zu befreien. Sie wusste, sie musste aufpassen, dass sie es nicht noch mehr verletzte, in dem sie es jetzt zu grob herauszog. Dann hatte sie das Kind befreit. Es hatte die Augen geschlossen. Soweit Dana das beurteilen konnte, atmete es. Sie schob sich noch weiter ins Fahrzeug, ihre Beine zappelten mittlerweile in der Luft.

Plötzlich machte das Kind die Augen auf und sah Dana erschrocken an.

„Hallo Daniel. Ich bringe dich zu Simon", sagte sie in ruhigem Ton. Der Kleine nickte und krabbelte in Danas Richtung. Konnte es sein, dass dieses Kind den Unfall verschlafen hatte? fragte sich Dana. Nun konnte sie auch erste Einsatzfahrzeuge hören. Hinter ihrem Fahrzeug kamen weitere Fahrzeuge zum Stehen. Sie hörte hektische Stimmen. Dann kletterte Dana wieder aus dem Wagen und hob Daniel vorsichtig heraus. Als er seinen Bruder sah, war er zufrieden. Dana nahm die beiden an die Hand und ging zu ihrem Auto.

Dort drückte sie die Kurzwahltaste ihres Autotelefons und wurde sofort auf Julians Handy weiterverbunden. Dieser ging beim ersten Klingeln dran. Noch nie zuvor hatte sie ihn bei der Arbeit direkt angerufen.

„Julian, hier ist ein schwerer Unfall passiert."

„Bist du verletzt?"

„Nein, aber ich glaube, ich brauche dich hier."

„Wo bist du?"

Sie gab ihm ihren Standort durch.

„Ich bin sofort da", versprach Julian und legte auf.

Ein Mann kam zu ihr und fragte sie, ob sie Hilfe brauchte. Sie verneinte und erklärte ihm, dass sie die beiden Kinder aus dem Wrack geholt hatte. Sie sagte ihm, dass sie mit ihnen auf der Wiese neben der Straße auf die Polizei warten würde.

Der Mann nickte und ging zu dem, was von dem Geländewagen übriggeblieben war.

Dana lief mit den beiden Jungen zu einem Baum und setzte sich ins Gras. Sie nahm die beiden Jungen auf ihren Schoß. Da sie nicht wollte, dass diese das kaputte Auto sahen, drehte sie sich so, dass sie stattdessen auf das Meer hinaussehen konnten.

Sie hielt die Kinder fest in ihren Armen und sah mit ihnen hinaus über das Wasser. Keiner sagte ein Wort.

Mittlerweile waren mehrere Polizei- und Krankenwagen eingetroffen.

Nur kurze Zeit später kam Julian zusammen mit Brian. Sie sahen Dana unter dem Baum und rannten zu ihr.

„Dana, was ist passiert?“, fragten beide wie aus einem Mund.

Dana sah, dass sie beide zu dem Wrack hinübersahen, hinter dem, nur mit wenigen Zentimetern Abstand, ihr eigenes Auto stand.

„Der Typ ist gefahren, als wäre der Teufel hinter ihm her. Ich weiß nicht, was für einen Grund der Lkw hatte um zu bremsen, aber der andere ist ihm voll hinten reingefahren.“

„Und diese beiden hier?“

Spielerisch wuschelte er kurz über das Haar der beiden Jungs.

„Ich habe sie aus dem Wrack gezogen.“

„Oh mein Gott, Dana!“, Julian sah die Kinder an und dann den qualmenden Haufen Schrott, der unter dem Lkw hervorlugte.

Ein Polizist kam zu ihnen herüber.

„Julian, ich kann das hier nicht, du musst mir beim Übersetzen helfen!“, fast panisch schaute Dana zu Julian auf.

„Keine Sorge, wir bekommen das hin.“

Er stand auf und begrüßte den Polizist, Brian blieb bei ihr, er setzte sich zu ihr ins Gras. Sie hörte, wie Julian mit dem Polizisten ein paar Worte wechselte. Dann ging der Polizist vor Dana in die Hocke. Unbewusst zog sie die Kinder noch ein Stück näher an sich heran. Beide hatten bisher noch immer kein Wort gesprochen.

„Officer, ich brauche einen Sanitäter für die Kinder“, sagte Dana in bestimmtem Ton.

Der Polizist sprach etwas in sein Funkgerät und wandte sich dann wieder Dana zu.

Mit Hilfe von Julian und Brian schilderte Dana den Unfallhergang und wie sie die Kinder aus dem Fahrzeug geholt hatte.

„Wir haben bislang niemanden an der Halteranschrift des Fahrzeugs erreichen können“, erklärte ihr der Polizist.

Zwei Sanitäter kamen, um die Kinder zu untersuchen. Diese klammerten sich aber so fest an Dana, dass eine richtige Untersuchung nicht möglich war.

„Sobald die Angehörigen verständigt sind, müssen die Kinder in ein Krankenhaus, ansonsten müssen sie die Fürsorge einschalten, damit man sich von dort aus um die Versorgung der Kinder kümmert“, erklärte einer der Sanitäter dem Polizisten.

Der Abschleppdienst erreichte die Unfallstelle. Der Geländewagen sollte nun geborgen werden. Brian fuhr Danas Wagen zur Seite, um der Bergung mehr Platz zu verschaffen. Julian hatte sich neben Dana gesetzt. Unvermittelt war Daniel auf seinen Schoß hinübergeklettert. Als Brian zurückkam, setzte er sich ihnen gegenüber ins Gras. Er wollte die Bergung des Fahrzeugs sehen.

Stück für Stück wurde der Geländewagen zurückgezogen. Das Geräusch, das das Blech verursachte, als es voneinander getrennt wurde, verursachte eine Gänsehaut auf Danas Rücken.

Sanitäter standen bereit, auch wenn von vorn herein klar war, dass für den Fahrer des Wagens jede Hilfe zu spät kommen würde. Nach einigen Minuten waren aufgeregte Stimmen unter den Hilfskräften zu hören. Brian erhob sich und ging zur Unfallstelle.

Wenig später kam er zurück, setzte sich ins Gras, sagte aber nichts. Er sah nur die beiden Jungen an. Es dauerte noch fast zwei Stunden, bis der Polizist erneut zu den dreien kam. Brian hatte die Kinder mittlerweile mit Wasser und Keksen versorgt, die er noch in Danas Autos gefunden hatte. Sie hatte es sich als Proviant für ihren Ausflug eingepackt. Nach der Stärkung waren beide Kinder eingeschlafen. Daniel in Julians Arm und Simon schlief an Dana gekuschelt tief und fest.

„So wie es derzeit aussieht, war sowohl der Vater als auch die Mutter der Kinder in dem Unfallfahrzeug. Wir konnten nichts mehr für sie tun", fing der Polizist an. „Wir haben bislang keine weiteren Angehörigen finden können. Wir werden das Jugendamt verständigen, damit ein Sozialarbeiter die Kinder hier abholt. Sie können die beiden bei mir lassen. So könnten Sie dann wieder fahren. Ich danke Ihnen, dass Sie so viel Zeit hier erübrigt haben."

Dana sah Julian an. Hatte sie richtig verstanden? Die Jungs sollten in irgendein Heim kommen? Julian, der mit dieser Situation offensichtlich auch nicht einverstanden war, wollte wissen: „Gibt es irgendetwas, das wir erfüllen müssen, dass diese

Kinder zumindest für heute Nacht bei uns bleiben können? Ich finde, nach einem derart traumatischen Erlebnis, haben sie jetzt etwas Ruhe verdient. Ich könnte mir vorstellen, bis sämtliche Formalitäten geklärt sind und die Kinder endlich der richtigen Stelle zugewiesen sind, ist es tiefe Nacht. Zudem waren sie noch immer bei keinem Arzt."

Der Polizist kratzte sich am Kinn. Schließlich meinte er: „Ich denke es dürfte nichts dagegen sprechen, die Kinder in Ihre Obhut zu geben. Ich werde Ihre Daten dem Jugendamt weiterleiten, so dass man sich direkt mit Ihnen in Verbindung setzen kann."

Dana und Julian standen mit den schlafenden Kindern in ihren Armen auf. Ein Blick zur Unfallstelle zeigte ihnen wie gerade ein Bestattungsfahrzeug angefahren kam.

„Sind die Kindersitze noch zu gebrauchen?", fragte Dana den Polizisten.

„Ich werde mich darum kümmern", antwortete dieser und ging zu dem mittlerweile vollständig geborgenen Geländewagen. Dana musste ihren Blick abwenden und war dankbar, dass die Kinder diesen Anblick verschliefen.

Kurze Zeit später fuhr Brian mit Danas Wagen nach Hause während Julian mit Dana und den schlafenden Kindern in ein Krankenhaus fuhr.

20.

Es war spät, als sie endlich nach Hause kamen. Die Kinder nörgelten, waren hungrig und fragten ständig nach ihren Eltern. Dana erklärte ihnen, dass ihre Eltern einen Unfall hatten und die beiden erst einmal bei ihnen kurze Ferien verbringen würden. Sie würden sich psychologischen Rat holen müssen, um den Kindern den Verlust der Eltern erklären zu können. Noch im Krankenhaus war ein Sozialarbeiter zu ihnen gestoßen. Sie mussten Berge von Formularen ausfüllen, um die Kinder über Nacht mitnehmen zu können.

Marie hatte den Kindern lustige Brote gerichtet und Pfannkuchen gebacken. Dazu gab es Milch und hinterher frisch gebackene Schokoladenkekse. Schnell waren es wieder zufriedene, wenn auch müde Kinder.

Bei der Untersuchung im Krankenhaus waren keine Verletzungen festgestellt worden.

„Ich glaube, wir müssen die Kinder zu Bett bringen, ich weiß nur nicht wohin“, stellte Dana fest.

„Wir lassen sie heute Nacht bei uns im Zimmer schlafen“, entschied Julian kurzerhand.

„Ich war so frei und habe zwei Matratzen in eurem Zimmer vorbereitet. Sie liegen auf dem Boden, aber ich denke, für den Anfang reicht das erst einmal. Brian war einkaufen. Er hat Schlafanzüge und Schmusetiere gekauft", mischte sich Marie ein.

„Wer redet von mir?", die Küchentür flog auf und Brian kam herein. Er nahm sich zwei der Brote, die die Kinder übrig gelassen hatten und aß sie auf. Dann wuschelte er den Kleinen über die Haare.

„Kommt mit, ich zeig euch, was ich für euch gekauft habe."

Damit schnappte er sich die Jungs und lief, jeden an einer Hand, aus der Küche.

Julian und Dana nutzten die Gelegenheit und setzten sich nach all den Stunden hin und atmeten erst mal tief durch. Marie stellte ihnen frische Sandwiches und Getränke hin. Dann setzte auch sie sich an den Tisch und sah die beiden an.

„Was ihr hier tut ist bemerkenswert. Ihr müsst nur wissen, dass die Kinder wieder wegkommen. Sie werden Angehörige finden. Auch wenn diese in euren Augen nicht gut für sie sind, werden sie dort untergebracht werden. Bitte vergesst das nicht."

„Du hast völlig recht, Marie ", räumte Julian ein. „Aber besser, sie kommen von hier zu ihren Angehörigen als dass sie noch eine Nacht in irgendeinem Heim verbringen müssen."

Nachdenklich nickte Marie. Sie hatte Angst davor, wie Dana reagieren würde, wenn man ihr erneut zwei Kinder nehmen würde, und nichts anderes war es ja. Als sie zu Julian sah, erkannte sie, dass auch ihn dieses Problem beschäftigte.

„Vielleicht sollten wir auch hochgehen. Es war ein langer Tag und wer weiß, wie die Nacht werden wird. Wir sollten uns auch hinlegen“, sagte Dana zu Julian.

„Wenn die Kinder aufwachen und weinen, könnt ihr mich rufen, ich werde sie dann in den Schlaf singen“, bot Marie an.

„Das ist nett von dir“, antwortete Dana und verabschiedete sich von Marie.

Leise öffneten sie ihre Schlafzimmertür. Das Zimmer war in Dämmerlicht getaucht. Sie hörten Brians leise Stimme. Dann sahen sie ihn inmitten eines Matratzenlagers am Boden liegen und aus einem Buch vorlesen. Die Kinder schliefen tief und fest.

„Ich glaube du kannst aufhören zu lesen, das Buch hat seine Aufgabe erfüllt“, schlug Julian vor.

„Geht nicht“, antwortete Brian.

„Was geht nicht?“, wollte Julian wissen.

„Ist grad spannend. Gleich beginnt das große Rennen.“

„Was für ein Rennen?“

Brian hob das Buch hoch.

„*Cars*“, lass Julian laut.

„Das ist ein Klassiker und sollte in keinem Kinderzimmer fehlen“, verkündete Brian sachkundig. „Es gibt mittlerweile alles von *Cars* zu kaufen.“

Er deutete auf die beiden Schlafanzüge der Kinder, die Schmusedecken, Plüschfiguren, Schmusekissen und sogar Trinkflaschen.

„Hast du den Laden leergekauft?“, fragte Dana

leise lachend.

„Du hast keine Ahnung, wie es ist, in so einen Laden zu gehen. Du wirst förmlich vom Konsumrausch ergriffen. Außerdem war da diese Verkäuferin …“ fügte er grinsend hinzu.

„Verschwinde jetzt aus meinem Schlafzimmer und nimm deine schmutzigen Gedanken mit“, scherzte Julian.

Vorsichtig, um die Kinder nicht zu wecken, stand Brian auf und ging zur Tür.

„Nochmal Danke, Kumpel“, rief Julian ihm leise hinterher.

„Ehrensache.“

Nachdem Brian gegangen war, beugten sich Julian und Dana über die kleinen, schlafenden Kinder und deckten sie noch einmal gut zu. Dann gingen auch sie zu Bett.

Als sich Julian am nächsten Morgen auf den Weg zur Küche machte, um zu frühstücken, schliefen Dana und die Zwillinge noch.

„Bitte ruf mich sofort im Büro an, wenn sich etwas Neues ergibt“, bat er Marie.

„Natürlich“, antwortete Marie. Dann fügte sie zögernd hinzu: „Ich hoffe, dass es Dana innerlich nicht auffrisst, wenn die Kinder geholt werden.“

„Das hoffe ich auch, Marie, glaub mir. Aber wir hätten die beiden gestern Abend nicht weggeben können. Wenn du das Auto gesehen hättest, aus dem Dana sie geholt hat, den Leichenwagen, einfach alles. Wir konnten nicht anders.“

Wie immer laut polternd kam Brian durch den hinteren Zugang in die Küche. Er wirbelte seine Mutter im Kreis herum und drückte ihr einen Kuss auf die Wange.

„Guten Morgen, Liebe meines Lebens, hast du gut geschlafen?“, scherzte er mit Marie.

„Rück dir deine Krawatte zurecht und benimm dich“, tadelte Marie ihren Sohn mit vor Freude geröteten Wangen. Sie wurde nach wie vor von einem unglaublichen Stolz erfüllt, wenn sie am Morgen die beiden Männer in ihren tadellos sitzenden Anzügen und den perfekt frisierten Haaren sah. Sie wusste, im Laufe des Tages, würde zumindest bei Brian der Knoten der Krawatte immer lockerer werden und Haare immer zerzauster.

Marie schenkte gerade Kaffee ein, da kam Dana mit den beiden Kindern an den Händen in die Küche. Im Nu wurde die Küche von lautem Geplapper erfasst. In Windeseile hatte Marie Berge von Pfannkuchen auf dem Tisch gebracht.

21.

Nicht lange, nachdem Julian und Brian ins Büro aufgebrochen waren, klingelte es an der Haustür. Dana war mit den Jungs hochgegangen, um die Kinder und sich selbst anzuziehen. Marie öffnete die Tür und sah den Streifenwagen die Einfahrt hochfahren. Sie beobachtete, wie ein Polizist ausstieg und die Treppen hochstieg. Marie spürte, wie sie sich vor Angst versteifte. Dennoch wusste sie, würde sie das Unvermeidliche nicht verhindern können. Sie trat auf den Absatz vor der Tür und fragte: „Guten Morgen, kann ich Ihnen helfen?"

„Ich würde gerne Mr Dillon oder seine Frau sprechen."

„Kommen Sie doch in die Küche", bat sie den Beamten.

„Das ist nett von Ihnen", antwortete dieser und folgte Marie in die Küche. „Sehr schön haben Sie es hier."

„Das ist das Heim von Mr Dillon und seiner Frau. Ich arbeite hier nur", stellte sie richtig, obwohl sie nicht genau wusste, warum ihr Tonfall so barsch ausfiel. Na ja, wahrscheinlich wusste sie es doch.

„Sind Mr und Mrs Dillon zu Hause?", fragte der Polizist.

„Mr Dillon ist bei der Arbeit. Mrs Dillon kümmert

sich gerade um die Kinder. Vielleicht trinken Sie erst mal einen Kaffee, ich werde sehen, wie weit die drei sind."

Als sie den Kaffee einschenkte, setzte sie sich spontan auf einen der Stühle und sah dem Beamten ins Gesicht. Marie stellte fest, dass er ein sehr hübsches Gesicht hatte. Seine blauen Augen strahlten Wärme aus. Er hatte unzählige Lachfalten. Sein Haar war komplett ergraut, aber voll wie bei einem kleinen Kind.

„Ich weiß nicht, warum ich so kratzbürstig bin", setzte Marie an. „Mir ist durchaus bewusst, dass Sie nur ihre Arbeit tun. Dennoch werden Sie gleich diese beiden Kinder aus diesem Haus nehmen und irgendwo hinbringen. Ich fürchte, dieser Gedanke ist mir zutiefst zuwider."

„Das verstehe ich. Ich kann Sie zunächst einmal beruhigen. Ich werde die Kinder nicht mitnehmen, jedenfalls nicht sofort", schränkte er ein.

„Ich würde mich gerne mit den Dillons unterhalten, gibt es diese Möglichkeit?"

„Nun, Mr Dillon bat mich, ihn sofort zu verständigen, sobald sich etwas ergibt. Ich denke, ich werde ihn anrufen."

Die Küchentür wurde aufgestoßen und Dana kam mit den Kindern herein.

„Sieh mal Marie, was Bri …"

Sie kam nicht weiter, in diesem Moment sah sie den Polizisten am Tisch sitzen. Unvermittelt hielt sie die Kinder fester an sich gedrückt. Ihr Blick suchte Marie, die gerade den Hörer des Telefons auflegte.

„Julian ist unterwegs“, sagte sie schlicht.

Dann ging Marie zu den Kindern und beugte sich zu ihnen hinab.

„Na, was habt ihr denn da?“, fragte sie und deutete auf die Autos, die die beiden in den Händen hielten.

„Die hat uns Brian geschenkt“, antwortete Daniel stolz und zeigte Marie zwei funkelnde Autos.

Auch Simon präsentierte stolz seine neueste Errungenschaft.

„Darf ich mit euch spielen?“, fragte Marie die beiden Kinder.

„Jaaa“, riefen sie gleichzeitig.

Marie stand auf, nickte Dana aufmunternd zu und nahm die Kinder mit in ihren Bereich des Hauses.

Dana wusste zuerst nicht, was sie tun sollte, unschlüssig blieb sie einfach stehen.

„Setzen Sie sich doch zu mir“, forderte der Polizist in freundlichem Ton.

Dana nickte.

„Sicher, klar, warum nicht.“

Es entstand eine kurze Pause in der Dana sich noch einen Kaffee einschenkte, wahrscheinlich würde sie in Kürze einen Koffeinrausch bekommen.

„Ich möchte nicht unhöflich wirken“, begann Dana vorsichtig, „aber könnten Sie mir wohl nochmal Ihren Namen nennen? Ich fürchte, ich habe gestern nicht richtig aufgepasst.“

„Detective Avery“, stellte er sich lächelnd vor. „Wie lange sind Sie schon hier?“, wollte er von Dana wissen.

„Ungefähr ein Dreivierteljahr“, antwortete sie unsicher.

„Sie sprechen diese Sprache unglaublich gut, für diese kurze Zeit“, bemerkte er anerkennend.

„Danke, ich bemühe mich.“

„Sie haben letzten Monat geheiratet, richtig?“, fragte er.

Dana erschrak, hatte er sie überprüft? Was wollte er von ihr? Unsicher nickte sie.

„Keine Sorge, ich habe eine fünfzehnjährige Tochter, die Ihren Mann anhimmelt. Als sie von der Hochzeit gelesen hat, ist sie eine Woche in schwarz herumgelaufen. Als ich ihr gestern Abend erzählt habe, dass ich Sie beide kennengelernt habe, hat sie mich stundenlang versucht zu überreden, sie heute mit hierherzunehmen.“

Dana lächelte.

„Fünfzehnjährige Mädchen können beharrlich sein“, meinte sie.

„Wem sagen Sie das.“

„Ihre Frau und Sie werden alle Hände voll zu tun haben, stimmt's?“

Sein Blick verschleierte sich.

„Meine Frau ist vor einem halben Jahr gestorben.“

„Das tut mir leid.“

„Schon in Ordnung. Ich möchte Sie damit nicht belästigen. Dieses Thema gehört auch nicht hierher, tut mir leid.“

Julian kam zur Tür herein. Dana stand auf und ließ sich von ihm in den Arm nehmen.

„Wo sind die Jungs?“, fragte er, die Lippen in ihrem Haar.

„Sie spielen mit Marie“, antwortete Dana.

Vorsichtig schob Julian Dana von sich. Er nickte ihr Mut zusprechend zu. Dann ging er zum Tisch und reichte dem Polizisten die Hand.

„Detective Avery, Sie sind früh dran.“

Dana stellte fest, dass Julian keine Schwierigkeiten hatte, sich den Namen des Beamten zu merken. Schließlich setzte sie sich zu den Männern.

„Ich möchte nicht lange um den heißen Brei herumreden“, fing Avery an. „Ich sage Ihnen, was wir bislang haben. So wie es aussieht, waren die Millers auf dem Weg ins Krankenhaus. Mrs Miller erwartete ihr drittes Kind.“

Dana wurde schwarz vor Augen. Konnte das sein? Wollte der Mann nur seine Frau ins Krankenhaus bringen, in die helfenden Hände von Ärzten legen, und nun waren sie und das ungeborene Kind tot? Sie spürte, wie Julian sie in seine Arme zog, hörte, wie er seinen Stuhl näher an ihren heran schob.

„Die ganzen Sachen im Auto“, warf Dana wie paralysiert ein. „Sie hatten sich auf eine längere Wartezeit im Krankenhaus eingestellt und für die Jungs Kleidung und Spielsachen eingepackt.“

Avery nickte nachdenklich. Nach einer Pause fuhr er fort.

„Wir haben bislang keine weiteren Angehörigen gefunden. Die Nachbarn gaben an, dass sowohl Mr als auch Mrs Miller keine Geschwister und Eltern mehr haben. Wir haben bislang niemanden gefunden, der, wie auch immer mit den Millers verwandt sein könnte."

„Verstehe, wie geht es jetzt weiter?"

Brian kam in die Küche.

„Entschuldigt, ich war in einer Konferenz, ich konnte nicht früher weg", sagte er und ließ sich auf einen Stuhl sinken.

„Ich weiß nicht, ob sie sich erinnern, Detective. Der Anwalt von Dillon Enterprices, Brian McMillan", übernahm Julian die Vorstellung

Avery nickte Brian zu, dann fuhr er fort.

„Die Fürsorge hat damit begonnen, eine geeignete Familie zu suchen, die die beiden Jungs aufnehmen könnte. Bislang waren die Familien aber immer nur bereit, eins der Kinder aufzunehmen. Es ist schwer, zwei Kinder in diesem Alter unterzubringen. Dennoch ist das Jugendamt gewillt, noch etwas weiterzusuchen, bevor die Kinder getrennt werden."

„Sie wollen die Kinder trennen?", Dana Stimme war schrill.

„Von wollen kann nicht die Rede sein, Mrs Dillon, aber die Chancen stehen, wie gesagt, schlecht, beide Kinder in der gleichen Familie unterzubringen."

„Was wären das für Familien, in die die Kinder kämen?", schaltete sich Brian ein.

„Nun, Ziel wäre es, eine Familie zu finden, in der die Kinder in Langzeitpflege kämen. Aber solche

Familien sind rar. Meistens sind schon zwei bis vier Kinder in diesen Familien. Außerdem wollen die wenigsten Pflegeeltern sich von vorn herein auf fünfzehn Jahre festlegen. Und für diesen Zeitraum müssen die Kinder unter Aufsicht sein. Sie sind letzten Monat drei Jahre alt geworden."

Dana konnte nicht mehr klar denken, so viel ging ihr durch den Kopf.

„Was für Kinder leben noch in diesen Pflegefamilien?", wollte Brian jetzt wissen.

„Wie Sie sich denken können, sind es fast ausnahmslos Kinder, die durch das Jugendamt von ihren Eltern weggenommen wurden. Manche wurden auch von der Mutter direkt nach der Geburt an die Fürsorge übergeben. Sei es, weil die Eltern selbst noch Kinder sind, weil sie drogenabhängig sind oder gerade im Gefängnis sitzen. Viele der Kinder haben selbst eine kriminelle Laufbahn eingeschlagen. Man versucht sie wieder in das soziale Leben zu integrieren, indem man ihnen zeigt, dass es in einer Familie auch schön sein kann. Diese Kinder sind nicht von Geburt an schlecht. Sie haben oft nur nie etwas anderes als Gewalt und Kriminalität kennengelernt."

„Es erscheint mir als ungeheure Herausforderung für ein Paar, gleich mehrere dieser Kinder zu betreuen. Würden die kleinen Kinder nicht auf der Strecke bleiben? Mir scheint es, dass Kinder, die aus einem zerrütteten Umfeld kommen, sehr viel Aufmerksamkeit benötigen. Sind diese Pflegeeltern dafür geschult?", hakte Brian nach.

„Diese Kinder fordern die Pflegeeltern in der Tat über die Maßen. Spezielle Schulungen gibt es nicht. Die Eltern müssten sich selbst darum kümmern. Solche Kurse kosten Geld. Geld, das diese Familien nicht haben."

„Bekommen die Pflegeeltern Geld für die Kinder?"

„Ja, sie bekommen eine monatliche Zuwendung."

„Kann es dann nicht sein, dass viele Pflegeeltern, das Geld nehmen und die Kinder eher sich selbst überlassen? Es sind nicht ihre eigenen Kinder, woher sollten sie tagtäglich die Motivation nehmen, sich mit den Kindern fremder Leute zu streiten?"

„Mr McMillan. Sie haben natürlich recht. Es gibt überall schwarze Schafe. Aber wir können die Kinder ja schließlich nicht unter irgendwelchen Brücken schlafen lassen."

Brian war sich nicht sicher, ob nicht ein Großteil dieser Kinder genau das tat.

„Wo würden die Jungs hinkommen, bis eine solche Pflegefamilie gefunden ist?"

„Die Fürsorge würde sie abholen und in einem Kinderheim unterbringen. Diese Heime sind nicht so schlecht wie ihr Ruf, glauben Sie mir."

Auch an dieser Aussage zweifelte Brian.

„Wir werden die Kinder bis auf Weiteres hier behalten", entschied Julian.

„Sind Sie sich da sicher, Mr Dillon?", fragte Avery. „Ich weiß nicht, ob es für die Kinder nicht eine zu große Belastung wäre, wenn sie jetzt einige Tage hier verbringen würden und dann in eine Pflegefamilie kommen. Verstehen Sie mich nicht falsch, ich will Ihnen nicht zu nahe treten. Aber das, was Sie hier haben, so etwas wird die Kinder auf keinen Fall erwarten, egal wohin sie kommen werden. Egal, ob sie nun zusammen bleiben oder nicht."

„Lassen Sie uns darüber nachdenken, wir melden uns bei Ihnen", schlug Julian vor.

Avery nickte und stand auf.

„Danke für den Kaffee", sagte er. „Bemühen Sie sich nicht, ich finde alleine hinaus. Wir hören voneinander." Damit verließ der Beamte die Küche.

Brian sah Julian an. Er wusste, was sein Freund dachte, war sich aber nicht sicher, was er davon halten sollte. Er selbst mochte die Kinder auch gerne, aber reichte das? Er sah zu Dana, die eine Papierserviette in ihre einzelnen Bestandteile zu zerlegen schien. Sie war mit ihren Gedanken offensichtlich sehr weit weg.

Schließlich stand Brian auf.

„Wir müssen wieder zurück, Julian. Lasst uns doch heute Abend in Ruhe über alles reden", schlug er vor.

„Ja, du hast recht." Er sah zu Dana: „Was meinst du?", fragte er sie.

Dana tauchte aus ihrer Traumwelt auf.

„Ich denke es ist gut, wenn wir uns alle unsere Gedanken machen und uns heute Abend austauschen", stimmte sie zu.

Sie versuchte ihre Gedanken zu ordnen, merkte aber, wie ihr das nicht so recht gelingen wollte. Schließlich verabschiedeten sich Julian und Brian.

Sie beschloss Hanni anzurufen. Es würde ihr guttun, ihren Rat zu hören.

22.

Nach einem langen Gespräch mit Hanni, suchte Dana nach Marie und den Jungs. Dana kam nur selten in den Flügel, in dem sich Maries und Brians Wohnungen befanden. Eigentlich, musste sie sich eingestehen, kam sie in viele Bereiche dieses Hauses nur selten.

„Lass uns doch mit den Jungs in den Garten gehen. Der Tag ist zu schön, um ihn im Haus zu verbringen“, schlug Dana vor.

Marie, die noch einen alten Basketball von Brian gefunden hatte, stimmte ein und warf den Ball den Jungs zu, die begeistert versuchten, sich damit gegenseitig Bälle zuzuwerfen, die keiner der beiden fangen konnte.

„Schnell, bevor noch etwas zu Bruch geht“, meinte Marie und jagte die lachenden Jungs über ihre Terrassentür nach draußen.

Als Dana sicher sein konnte, dass die Kinder in ihr Spiel vertieft waren, brachte sie Marie auf den neuesten Stand.

„Ich weiß, dass die Möglichkeit besteht, dass die Kinder schon in den nächsten Stunden in einer Familie untergebracht werden können. Dennoch weiß ich nicht, wie ich mit dem Wissen umgehen soll. Ich weiß, dass es fremde Kinder sind. Ich weiß aber auch, wie es ist, von der einen auf die andere Minute ohne jemanden dazustehen. Ich kann mir nicht vorstellen, dass es für ein Kind leichter ist, einen Verlust zu akzeptieren, als für einen Erwachsenen.

Selbst wenn sie jetzt noch leicht abzulenken sind. Irgendwann werden sie öfter und beharrlicher nach ihren Eltern fragen. Dann wird die Zeit kommen, in der sie ihre Eltern mehr als irgendetwas anderes auf der Welt vermissen werden. Ich denke, dass dies nicht nur an Weihnachten und den Geburtstagen der Fall sein wird.

Sie brauchen ihre Eltern, wenn sie sich mit einem Freund streiten, eine schlechte Note nach Hause bringen, ihre erste Liebe sie enttäuscht. Es gibt so viele Momente im Leben eines Kindes in dem es seine Eltern braucht", Dana holte tief Luft.

Marie wusste nur zu gut, dass Dana aus eigener Erfahrung sprach. Sie selbst war oft nahe dran gewesen zu verzweifeln, als sie plötzlich alleine dagestanden hatte und Brian Vater und Mutter zugleich sein musste. Auf einmal wurde die Wut auf ihren Exmann wieder neu entfacht. Er hatte sie, als Brian noch klein war, verlassen, mit der Begründung, er sei noch nicht alt genug, um seine Abende ausschließlich auf dem Sofa zu verbringen und war mit einer Frau, die seine Tochter hätte sein können, davongerannt. Sie hatten ihn nie wieder gesehen.

Es dauerte nicht lange, da waren Daniel und Simon über und über mit Grasflecken beschmutzt.

Ihnen beim Spielen zuzusehen war eine wahre Freude.

„Ich habe nicht einmal Ersatzkleidung für die beiden. Wir werden schnell irgendeine Lösung finden müssen“, sagte Dana und lachte, als Simon über den Ball stolperte, den er gerade mit dem Fuß wegschießen wollte. Er stürzte mit dem Hintern auf den Ball, der ihn dann geradewegs auf die Wiese katapultierte. Daniel nutzte die Chance und schnappte sich den Ball. Er warf ihn an einen Baum und schrie lauthals: „Tor, Tor.“

Marie beschloss, Sachen für ein Picknick zu packen und wenig später saßen alle unter dem großen Ahorn und ließen sich die Sachen schmecken, die Marie hinausgebracht hatte.

Nach dem Essen spielte Dana mit den Jungen Fangen und Verstecken, solange Marie sich um die Küche kümmerte.

Irgendwann wollte Daniel ein Seil haben und Indianer spielen. Er rannte zu Marie in die Küche und kam wenig später mit einem Seil zurück.

Dana wollte sich in ihrer Rolle als armer Cowboy nicht geschlagen geben und rannte den Jungen davon, die sie laut schreiend verfolgten. Schließlich gelang es ihnen, Dana einzufangen. Sie rissen sie zu Boden und setzten sich auf sie. Dann wurde Dana mit dem Seil verschnürt. Wobei es Dana mehr Anstrengung kostete, dass das Seil sich nicht löste, als das Gerangel mit den Kindern. Sie wollte den Kleinen den Spaß nicht nehmen. Daniel gab sich große Mühe, Danas Bein mit ihrem Arm zusammenzufesseln. Keiner ihrer Hilfeschreie wurden erhört. Gnadenlos verschnürten die Jungen Dana. So fand Julian sie, als er von der Arbeit nach Hause kam.

Er blieb abseits stehen und beobachtete die drei. Schmunzelte über Danas erfolglose Versuche, zu entkommen und über die roten Bäckchen der Jungen, die ihr bestes gaben, einen Knoten zu binden, der nicht sofort wieder aufging. Sie drehten das Seil unzählige Male ein, Dana hielt, so dass die Jungs es nicht sehen konnten, ein Ende des Seils fest, um es daran zu hindern, dass es sich einfach wieder aufdrehte.

Einem Impuls folgend ging er zu den Jungen.

„Lasst ihr den alten Häuptling helfen?“, fragte er die Jungen.

Diese waren sofort Feuer und Flamme und machten Platz, sodass Julian Danas Oberkörper festhalten konnte.

Julian erklärte ihnen: „Ihr die Arme, ich die Beine“, damit wickelte er das Seil um Danas Beine und gab das Ende wieder den Jungen.

„Ein Verräter im eigenen Lager“, stellte Dana entsetzt fest.

„Der Häuptling ist in Wirklichkeit der Anführer der Cowboys, habt ihr ihn nicht durchschaut?“, fragte Dana die Jungen.

„Gar nicht, du wendest miese Tricks an, um flüchten zu können“, rief Daniel. „Dafür musst du eine Nacht an den Marterpfahl.“

„Gut durchdacht, kleiner Bär“, rief Julian.

Daniel war begeistert über seinen neuen Namen.

„Alles klar, großer Adler, hilf uns den Verräter an den Pfahl zu binden", forderte Julian und schaute Simon an.

„Ja, ich bin großer Adler!"

Begeistert zogen die Jungen Dana mit Julians Hilfe zum nächsten Baum und banden sie daran fest. Was keiner beachtet hatte, war, den Hinterhalt im Auge zu behalten. In diesem Moment kam nämlich ein großer Cowboy auf einem schnellen Pferd angeritten. In seinem Mund hatte er ein großes Messer, um seinen Kollegen zu befreien.

Die Kinder quietschen vor Freude als Brian angerannt kam. Er nahm den Stock aus seinem Mund und schnitt Danas Fesseln ab. Dann nahm er Dana auf die Schultern und ritt mit ihr davon. Die Kinder rannten zusammen mit Julian den flüchtenden Cowboys hinterher. Sie schlugen sich mit der flachen Hand auf den Mund und brüllten wie die Indianer. Dann hatten sie Brian eingeholt. Sie umzingelten ihn und zwangen ihn zu Boden. Dana ging mit ihm unter. Die Jungen setzten sich auf Brian, während Julian sich auf Dana setzte. Er beugte sich zu ihr hinunter und sah ihr in die Augen. „Ich liebe Dich", hauchte er ihr zu. Dann senkte er seinen Kopf weiter und küsste sie leicht auf den Mund. Während dessen versuchte Brian verzweifelt die Jungs abzuwerfen.

„Euer Häuptling verbrüdert sich mit dem Feind", rief er.

Die Jungs waren abgelenkt und Brian nutzte die

Gelegenheit, sich umzudrehen und die Jungs neben sich ins Gras abzulegen. Er begann damit, sie ordentlich durchzukitzeln. Nun gelang es auch Dana, sich unter Julian herauszuwinden.

Alle kreischten vor Lachen. Dann lagen alle völlig außer Atem im Gras und hielten sich ihre Bäuche. Marie stand an der Küchentür und lauschte dem Lachen der großen und der kleinen Kinder. Sie war sich ganz sicher, dieses Kinderlachen war das einzige, was in diesem Haus noch gefehlt hatte.

23.

Marie rief alle zum Essen herein. Julian hatte je ein Kind an der Hand. Dana und Brian hielten die Kinder an deren anderen Hand. Sie ließen sie wie die Engel fliegen und rannten Marie entgegen.

„Seht euch eure Anzüge an, völlig ruiniert“, tadelte sie Brian und Julian.

Schuldbewusst sahen die beiden an sich hinab. Nun, es würde sich zeigen, ob die Reinigung noch etwas retten konnte, ansonsten wäre es einfach den Spaß Wert gewesen.

Mit Unschuldsmienen sahen sie wieder zu Marie.

„Wir sind auch ruiniert“, meinte Simon und zeigte auf seine vor Schmutz stehende Hose.

„Das seid ihr wohl“, stimmte Marie zu und versuchte sich ein Lachen zu verkneifen. Es gelang ihr nicht, und so gingen alle in die Küche. Das Essen stand dampfend auf dem Tisch. Alle setzten sich und wollten nach den Schüsseln greifen da, rief Marie mit ernster Stimme:

„Und wie sieht es mit euren Händen aus?“

Alle sahen ihre Finger an. Zugegeben, viel Haut war nicht mehr zu sehen, dafür war die Schmutzschicht nahezu flächendeckend, dachte Brian, hütete sich aber etwas zu sagen.

So standen alle nochmal auf und wuschen sich

die Hände. Brian verteilte großzügig Spülmittel über den Händchen der Kinder, die sofort Schaum machten. In kürzester Zeit flogen kleine Schaumwölkchen durch die Küche, die alle wegzupusten versuchten.

„Setzt euch jetzt, bevor das Essen kalt wird", forderte Marie die Bande auf. Lächelnd schüttelte sie den Kopf.

Als alle ihre Teller beladen hatten, fragte Simon: „Wer betet?"

Schuldbewusst schauten sich alle an.

„Warum betest du nicht heute Abend?", fragte Dana.

Stolz falteten die Kinder ihre Händchen und Simon sprach das Gebet. Kaum hatten alle ins Amen eingestimmt, wurden die Gabeln gehoben und das Essen begann. Alle hatten großen Hunger. Es wurde viel gelacht und geredet. Viel zu schnell, wie Dana meinte, waren alle satt.

„Wie wäre es mit einem Bad?", fragte Marie an die Kinder gewandt.

„Jaaa", riefen sie wieder gemeinsam.

„Ich werde sie bei euch oben waschen. Lasst alles stehen, ich räume es hinterher weg."

Damit nahm sie die Kinder an die Hand und verließ die Küche. Brian stand auf und ließ für alle drei einen Kaffee heraus. Es hatte keinen Sinn die Sache aufzuschieben. Sie würden sich jetzt darüber unterhalten, wie sie sich die Zukunft der Kinder vorstellten und ob die Zukunft der Kinder in diesem Haus sein könnte.

Dana spürte, wie sich ein Kloß in ihrem Hals bildete.

„Ich habe den ganzen Tag an nicht viel anderes denken können, als an die beiden", fing Julian an. „Ich weiß nicht, wie es euch geht, aber ich weiß nicht, wie ich mit dem Gedanken, die beiden in eine solche Pflegefamilie zu schicken, leben soll."

Dana sah mit Tränen in den Augen von ihrer Tasse auf.

„Es sind so tolle Kinder. Sie haben sich den ganzen Tag da draußen beschäftigt. Ich habe nicht ein böses Wort gehört. Ich glaube, diese Kinder sind in einem großartigen Haus aufgewachsen. Ich weiß nicht, was aus ihnen werden würde, wenn sie in eine Pflegefamilie kämen, schon gar nicht, wenn man sie trennen würde."

„Ich habe mich informiert. Es ist durchaus gängige Praxis, auch Zwillinge zu trennen. In den wenigsten Fällen nimmt eine Familie gleich zwei fremde Kinder auf einmal auf. Ich weiß nicht, wie es für einen Zwilling ist, getrennt zu werden. Schon gar nicht, wenn diese Trennung nicht unmittelbar nach der Geburt stattfindet, sondern, wie hier, erst nach drei Jahren."

„Dana, als ich dich vor einiger Zeit gefragt habe, ob du noch einmal Kinder haben möchtest, hast du dich zu diesem Thema sehr bedeckt gehalten. Hat sich deine Einstellung geändert?", fragte Julian.

Dana sah ihn an.

„Vor zwei Tagen hätte ich dich um mehr Zeit gebeten. Ich wäre wahrscheinlich nicht dazu bereit gewesen, mich festzulegen. Immer noch nicht. Heute Abend bin ich mir einfach nicht mehr sicher. Nicht, dass ich mir nicht zutrauen würde, Kinder großzuziehen. Davor habe ich keine Angst. Ich kann meine Angst nicht beschreiben. Auf jeden Fall habe ich natürlich Angst, mich an jemanden zu binden, den ich erneut verlieren könnte. Dann ist mir aber natürlich auch klar, dass ich dich, Marie oder Brian genauso verlieren könnte.

Andererseits würde es mich wahrscheinlich umbringen, wenn ich die Kinder in einer Familie wüsste, die nicht hundertprozentig hinter den Kindern steht."

Die drei sahen sich an.

„Es scheint, dass sich alle einig sind, wobei mir natürlich klar ist, dass ich aus der Nummer fein raus bin", fing Brian an. Nach einer Weile fügte er hinzu. „Ich habe heute mit vielen Leuten gesprochen. Es wäre ein langwieriges Verfahren. Aber das Sicherste für euch alle wäre eine Adoption. Eine Pflegeelternschaft ist immer problembehaftet. Sei es, dass irgendwann doch noch jemand auftaucht, der geltend macht, ein Angehöriger zu sein. Ihr müsstet einen Antrag einreichen und bei einem Vormundschaftsgericht vorsprechen. Aber am Ende wären es eure Kinder."

Danas Körper durchfuhr ein Schauer. Unsere Kinder, dachte sie. Sie nahm Julians Hand in ihre. Er verschränkte ihre Finger miteinander.

„Lasst uns Avery anrufen."

„Dana, ich möchte, dass du weißt, dass das

Jugendamt euch immer noch ablehnen kann. Sie könnten einige Gründe finden, die gegen euch als geeignete Eltern sprechen. Zum Beispiel, hast du nicht die amerikanische Staatsbürgerschaft. Du sprichst die Sprache nicht hundertprozentig. Das ist übrigens nicht meine Meinung. Ich finde du drückst dich besser aus als viele, die hier geboren wurden. Ich möchte nur, dass du dich nicht zu sehr auf diese Sache versteifst, bevor sie hieb- und stichfest ist", Brian tätschelte ihre andere Hand, während er zu ihr sprach.

„Ich werde mir Mühe geben", versprach Dana mit einem scheuen Lächeln.

Julian holte sein I-Phone aus der Tasche und rief Detective Avery an.

„Er will abklären, wie die Vorgehensweise in einem solchen Fall ist und sich dann bei uns melden", erklärte Julian, nachdem er das Gespräch beendet hatte.

Alle standen auf. Plötzlich lachte Dana los. Die anderen sahen sie verwundert an.

„Zum Glück ist Avery heute Abend nicht mehr gekommen."

Brian und Julian blickten sie verständnislos an.

„Seht uns doch mal an."

Die Männer schauten an sich herunter und sahen die vor Dreck starrenden Anzüge.

„Ich fürchte Marie wird uns auch gleich in die Wanne stecken, wenn wir ihr nicht zuvorkommen", meinte Brian.

Brian ging mit Julian und Dana nach oben, um

den Kindern eine gute Nacht zu wünschen. Sie hatten ihre Schlafanzüge an und lagen mit roten Pausbäckchen in ihrem Behelfsbett. Marie las ihnen aus ihrem Buch vor.

„Gute Nacht, Rothäute“, sagte Brian und wuschelte durch die Haare der Jungs.

„Gute Nacht, Brian“, riefen Simon und Daniel im Chor.

„Komm Mama, ich bring dich ins Bett“, scherzte Brian mit seiner Mutter.

„Pass auf mein Freundchen, sonst steck ich dich mitsamt deinem ruinierten Anzug in die Wanne“, konterte Marie.

„Freundchen, Freundchen“, quietschten die Jungen.

Es dauerte nicht lange, da waren Daniel und Simon eingeschlafen.

Julian zog Dana mit ins Bad. Er entkleidete sie langsam, Stück für Stück und knabberte dabei an ihrer nackten Haut. Dana entspannte sich von Minute zu Minute mehr. Sie machte sich an Julians Hemdknöpfen zu schaffen, streifte ihm das Hemd schließlich ab und ließ es zu Boden fallen. Sie streichelte seine warme Haut, genoss das Spiel seiner Muskeln, während sie mit ihren Fingerspitzen über seine Haut strich. Die Narbe an seinem Bauch war fast völlig verblasst. Dana küsste sie und kniete vor ihm nieder, langsam öffnete sie Julians Hose.

Julians Finger verharrten in Julias Haar. Er legte

seinen Kopf in den Nacken ließ mit sich geschehen, was Dana im Sinn hatte. Dana zog ihm die Hose über die Hüften, ließ sie zu den Knien hinunterrutschen und bedeckte Julians Beine mit Küssen. Er schüttelte die Hose ab und Dana zog ihm die Socken aus.

Dann widmete sie sich seiner Shorts. Zog sie Zentimeter für Zentimeter nach unten. Julian holte tief Luft und ließ sie zitternd wieder entweichen. Er führte ihren Kopf an seine Erektion und Dana begann zu saugen und zu spielen. Dann stand sie auf und hieß ihn willkommen.

24.

Die Sonne war am nächsten Morgen noch nicht aufgegangen, da ging Julian in den Fitnessraum, er konnte nicht mehr schlafen. Dort traf er auf Brian, der sich auch auspowern wollte.

„Na, gut geschlafen?“, fragte Brian.

„Ich habe total wirres Zeug geträumt“, gestand Julian.

„Ging mir genauso.“

Sie stiegen beide jeweils auf ein Laufband und begannen damit, sich warmzulaufen. Draußen war es noch stockdunkel. Nach einer halben Stunde wechselten sie in stillem Einvernehmen an die Gewichte.

„Ich habe dich ein paar Tage schon nicht mehr hier unten gesehen“, stellte Brian fest.

„Nicht zu glauben. Aber der Tag scheint einfach nicht mehr genug Stunden zu haben, seit Dana bei mir ist“, antwortete Julian.

„Du brauchst mich nicht neidisch zu machen“, gab Brian zurück und grinste seinen Freund an.

Als sie nach einer Stunde den Raum wieder verließen, kam ihnen Marie entgegen.

„Julian, nimmst du das für die Kleinen mit hoch. Ich habe ihre Kleidung über Nacht gewaschen und getrocknet. Wir werden uns dennoch etwas einfallen lassen müssen."

„Du hast recht Marie. Vielen Dank", er nahm den kleinen Stapel Kleidung entgegen.

„Ich werde heute, sobald Avery sich gemeldet hat, veranlassen, dass ihre Kinderzimmer geräumt werden. Ich habe mit Dana heute Nacht noch überlegt, dass wir ihre vertrauten Sachen hierher bringen lassen."

„Das ist eine gute Idee", meinte Brian.

„Gib mir Bescheid, wenn ich dir irgendwelche Anrufe abnehmen kann", bot Marie an und wandte sich von den beiden ab, um in die Küche zu gehen.

Die beiden gingen zum Duschen, während Marie das Frühstück vorbereitete.

Noch bevor Julian und Brian an diesem Abend nach Hause kamen, fuhr der Möbeltransporter, der die Kindermöbel brachte, die Einfahrt entlang. Die Jungen kamen aufgeregt aus dem Haus gesprungen. Sie hatten sie den Tag über mehrmals nach ihrer Mama und ihrem Papa gefragt, es kostete Dana und Marie viel Kraft und Geschick, die Kinder abzulenken. Zwar hatte Dana am Mittag mit einem Kinderpsychologen gesprochen und viele wertvolle Tipps erhalten. In der Realität musste sie jedoch feststellen, dass Kinder anders reagierten, als es Lehrbücher vorsahen. Unzählige Male mussten sie die Kinder trösten, Tränen trocknen und versuchen den Kindern begreiflich zu machen, dass Mama und Papa nicht kommen würden, um sie abzuholen. Nie hätte Dana gedacht, dass diese

Aufgabe derart Kräftezehrend sein konnte. Sie war dankbar, dass Marie ihr half und die Kinder sich auch von ihr trösten ließen.

Nun standen sie in der Einfahrt und beobachteten den Transporter, der gerade zum Stehen kam. Die Möbelträger stiegen aus und liefen an die Rückseite des Lastwagens.

Als einer der Möbelträger die Ladebordwand hinunterließ, hüpften die Jungs förmlich vor Spannung. Innerhalb einer Stunde waren die Möbel und Kisten in das, gegenüber dem Schlafzimmer liegende, neue Kinderzimmer gebracht.

Marie und Dana räumten mithilfe der Kinder die Schränke ein. Die Kinder zeigten aufgeregt jedes einzelne Schmusetier und führten jedes Auto vor. Schon bald war der einst leere Raum mit buntem Kinderspielzeug gefüllt. Immer wieder wollten die Kinder wissen, warum ihre Sachen hier waren und wo die Sachen von ihren Eltern seien, was mit ihrem alten Zimmer passiert sei. Dana und Marie erklärten ihnen immer wieder, dass sie erst einmal hier wohnen würden. Sie hielten sich an die Ratschläge des Psychologen und konnten nur hoffen, dass die Kinder es irgendwann verstehen würden, dass ihre Eltern nicht wieder kommen würden, ohne daran zu zerbrechen.

Als es an der Tür klingelte, ging Marie, um den Besucher einzulassen. Am Monitor erkannte sie den Streifenwagen. Ihr Körper verspannte sich. Was wollte die Polizei hier? fragte sich Marie. Sie überlegte kurz, die Tür einfach nicht zu öffnen, besann sich dann jedoch eines Besseren.

Sobald der Detective ausgestiegen war, öffnete sie ihm die Tür.

„Guten Abend, Mrs McMillan“, begrüßte er Marie, während er die Stufen hochgelaufen kam.

„Guten Abend Detective Avery, was kann ich für Sie tun?“

„Ich habe im Kofferraum eine Kiste mit Sachen von den Kindern, die noch im Unfallwagen waren. Ich war mir nicht sicher, ob Sie Verwendung dafür haben. Aber da auch ein paar Stofftiere darunter waren, dachte ich, es ist vielleicht besser, Sie sehen die Sachen mal durch.“

„Das ist aber nett von Ihnen“, stellte Marie fest und entspannte sich sichtlich.

„Dann gehe ich die Sachen holen“, Avery kratzte sich am Kopf, lächelte und ging die Stufen wieder hinab zu seinem Wagen.

Als er mit einem großen Karton wieder zurückkam, meinte Marie: „Sie können ihn hier abstellen.“

„Unsinn, ich kann ich auch gleich dahin tragen, wo er hin muss, dann müssen Sie ihn nicht umherschleppen.“

„Das ist eine gute Idee. Wir sind gerade dabei das Kinderzimmer einzuräumen. Vielleicht könnten Sie den Karton hochtragen.“

„Zeigen Sie mir einfach den Weg.“

Während sich die Kinder zusammen mit Dana über den Karton hermachten, verabschiedete sich Detective Avery. Hier würden die Kinder es gut haben, ging es ihm durch den Kopf. Marie brachte ihn nach unten. Sie blieben unschlüssig in der Halle stehen.

„Hätten Sie gerne noch eine Tasse Kaffee oder eine kleine Erfrischung?“, fragte Marie unsicher.

„Kaffee wäre toll.“

Avery folgte Marie in die Küche.

„Wie lange arbeiten Sie schon hier, Mrs McMillan?“, wollte er wissen, während er auf der Bank Platz nahm.

„Nennen Sie mich doch Marie, das tun alle. Seitdem Mr Dillon in das Haus eingezogen ist. Ich bin sozusagen seit dem ersten Tag hier“, antwortete Mary und musste schmunzeln, als sie sich an ihr *Vorstellungsgespräch* erinnerte.

„Schön, also Marie“, holte Avery sie aus ihren Gedanken zurück. „Dann nennen Sie mich doch Bob. Das tun auch alle.“

Lächelnd stellte Marie zwei dampfende Tassen auf den Tisch und setzte sich zu Bob.

25.

An diesem Abend saßen Julian, Dana und Brian vor dem brennenden Kaminfeuer. Die Kinder schliefen schon und auch Marie hatte sich zurückgezogen.

„Ich habe heute mit dem Vormundschaftsgericht gesprochen“, begann Brian das Gespräch.

Dana setzte sich aufrecht hin.

„Was haben die gesagt?“, fragte sie.

„Es ging zuerst einmal um das Erbe der Kinder. Die Millers haben zwar ein Testament hinterlassen, aber was sollen die Kinder mit einem Haus? Das Gericht hat bis auf Weiteres einen Vormund bestellt. Es wird ein Konto für die Kinder eingerichtet werden. Was mit dem Haus geschieht, ist noch nicht klar.“

An Julian gerichtet fragte er: „Wie weit bist du mit dem Haus gekommen?“

Dana schaute ihren Mann an.

„Ich habe Ruth hingeschickt. Sie war dort während die Möbel der Kinder geholt wurden. Außerdem hat sie veranlasst, dass die gesamten Lebensmittel in eine der Armenküchen gebracht wurden. Die Pflanzen im Haus hat sie einem Seniorenwohnheim gespendet. Die Möbel wurden abgedeckt.

Ich habe einen Hausmeisterservice beauftragt,

der vier Mal in der Woche nach dem Rechten sieht. Ich denke mit dem Haus brauchen wir uns erst einmal nicht weiter beschäftigen."

Dana war verblüfft, an was Julian alles gedacht hatte Sie selbst hatte sich bislang keine Gedanken über den Zustand des Hauses gemacht. Andererseits hatte sie mit den Kindern alle Hände voll zu tun, wie sollte sie sich da auch noch um diese Dinge kümmern?

„Dana, ich habe Ruth gebeten, nach einem Bild im Haus zu suchen, auf dem die Familie abgelichtet ist. Sie hat ein sehr schönes Bild mit ins Büro gebracht. Ich habe es in meiner Aktentasche. Ich dachte, vielleicht sollten die Kinder es in ihrem Zimmer stehen haben."

„Das ist eine wunderbare Idee gewesen. Sie haben heute mehrfach nach ihren Eltern gefragt. Ich habe ihnen immer wieder erklärt, dass sie jetzt Engel sind und beim lieben Gott im Himmel leben. Es ist nur schwer für sie zu begreifen."

„Verständlich", wandte Brian ein.

„Hast du dir schon mal Gedanken darüber gemacht, dass wir jemanden einstellen, der sich mit dir zusammen um die Kinder kümmert?", fragte Julian vorsichtig.

„Wie meinst du das? Denkst du ich kann die beiden Kinder nicht betreuen?"

„Sicher kannst du das. Aber du weißt, dass wir oft am Abend noch Termine zum Essen haben. Die Kinder können da nicht mit. Marie ist mit dem Haus ausgelastet. Du kannst dir mal Gedanken machen, die Entscheidung muss ja nicht sofort fallen."

Dana beruhigte sich wieder. Sie war kurz wütend geworden. Aber je länger sie darüber nachdachte, desto begründeter kam ihr Julians Vorschlag vor.

Brian sprach mit Julian noch über irgendeinen Vertrag, während Dana ins Feuer starrte und den Flammen zusah. Plötzlich fuhr sie hoch.

„Was ist Dana? Du hast mich fast zu Tode erschreckt, ich dachte, du schläfst", Julian sah Dana fragend an.

„Sarah", antwortete sie.

„Was ist mit Sarah? Hast du dich verabredet und den Termin vergessen?"

„Nein. Nein, das nicht. Ich dachte, dass Sarah die Stelle vielleicht haben möchte. Du erinnerst dich doch, dass ich dir erzählt habe, dass sie gerne wieder in einer Familie mit kleinen Kindern arbeiten würde."

„Das ist eine großartige Idee", stimmte Julian zu.

„Das finde ich auch", meinte Brian und grinste bis über beide Ohren.

„Du wirst nicht mit der Nanny meiner Kinder schlafen, Freundchen, ist das klar", sagte Julian.

„Jedenfalls nicht, wenn die Kinder mit im Raum sind", antwortete Brian unverbindlich.

Noch in dieser Woche zog Sarah bei ihnen ein. Dana und die Zwillinge holten Sarah in deren Wohnung ab. Sarah hatte die letzten Tage bereits jeden Tag mehrere Stunden mit den Kindern verbracht. Sie verstanden sich toll miteinander.

Dana war unbeschreiblich froh darüber, dass es Sarah so gut gelang, mit den Kindern über deren Eltern zu sprechen. Nach wie vor war es den Kindern unverständlich, warum ihre Eltern einfach weg sein sollten. Schließlich waren sie doch brav gewesen. Daniel hatte am Morgen zu Dana gesagt, dass er besonders lieb sein würde, denn dann würde seine Mama bestimmt schneller wiederkommen. Es hatte ihr fast das Herz gebrochen, in die leuchtenden Kinderaugen zu sehen, die sich so auf ein Widersehen mit der Mutter freuten.

Als Julian Sarah angeboten hatte, bei ihnen einzuziehen, hatte sie nicht lange überlegen müssen.

„Selbst wenn ihr mich wieder entlasst, eine Wohnung wie meine derzeitige, finde ich jederzeit wieder“, hatte sie ihm geantwortet.

Während Dana und Sarah mithilfe der Kinder Kleinteile in die Autos luden, packten zwei Möbelpacker die wenigen Habseligkeiten von Sarah in einen kleinen Lkw. Nachdem die Wohnung leer war, warf Sarah den Schlüssel in den Briefkasten und verließ das Gebäude, ohne sich nochmals umzudrehen.

Sarahs Zimmer lag im gleichen Stockwerk wie die Schlafräume der Kinder allerdings am anderen Ende des Flügels. Auf diese Weise hatten sowohl Julian und Dana als auch Sarah genügend Privatsphäre.

Es wurde Abend, bis der letzte Karton ausgepackt

war. Sarah schob sich eine Haarsträhne hinters Ohr und stöhnte. Die Kinder hatten schnell die Lust am Mithelfen verloren und waren mit Marie in den Garten hinausgegangen. Mittlerweile waren sie wieder hochgekommen, sprangen aufgeregt im Zimmer umher und nahmen alles in die Finger, was ihnen gefiel, so dass Dana schon befürchtete, sie würden das Zimmer noch einmal einräumen müssen.

„Unglaublich wie viel sich in der kurzen Zeit, seit ich wieder alleine lebe, angehäuft hat“, stöhnte sie und rappelte sich auf die Beine. Sie streckte sich und bewunderte ihr neues Reich.

Dana dachte an die beiden Koffer, mit denen sie hier eingezogen war. Aber die beiden Situationen ließen sich nicht miteinander vergleichen, stellte sie fest.

„Komm, wir stoßen auf deinen Einzug an“, schlug Dana vor.

Jede schnappte sich ein Kind, setzte es sich auf die Hüfte und zusammen hüpften sie die Treppe hinunter. In der Küche öffneten sie eine Flasche Champagner und überredeten Marie ebenfalls ein Glas mitzutrinken. Die Kinder bekamen Orangensaft in ihre Gläser gefüllt.

„So verbringt ihr also eure Tage, während wir uns abrackern.“ Brian betrat, gefolgt von Julian, die Küche.

Dana beobachtete, wie Sarah ihren Kopf senkte. Die geröteten Wangen waren ihr nicht entgangen. Sie schmunzelte. Die Kinder sprangen auf, umarmten Julian und Brian und wurden sofort durch die Luft gewirbelt, bis sie vor Vergnügen quietschten.

Außer Atem fragte Julian: „Na, was gibt es zu feiern?“

„Sarah ist jetzt hier eingezogen.“

Julian ging zu Sarah und schwang sich dabei Simon über die Schulter.

„Willkommen“, sagte er und drückte sie leicht.

„Danke“, antwortete sie. Sie stellte fest, dass es sie ungeheuer nervös machte, mit diesen beiden Männern in einem Raum zu sein. Egal wie groß ein Raum auch wäre, sie würden ihn einfach durch ihre Präsenz füllen. Jetzt kommt auch noch Brian direkt auf mich zu, dachte Sarah und war der Verzweiflung nahe.

„Willkommen“, meinte er lässig und küsste sie auf die Wange. Dabei zog er sie an sich heran.

Sarah brachte keinen Ton heraus. Zum Glück rettete sie Daniel, der zu zappeln begann. Brian hatte ihn an den Beinen genommen und mit dem Kopf nach unten hängend durch die Küche getragen.

Lässig schwang Brian das Kind wieder herum. Daniel kreischte und rief: „Mehr, mehr.“

Brian ließ Daniel durch die Luft kreisen wie ein Flugzeug und drehte sich dabei im Kreis herum. Schließlich torkelten sie beide durch den Raum, so schwindelig war ihnen. Daniels Wangen waren vor Freude gerötet.

Marie brachte das Essen auf den Tisch und

beobachtete während des Essens die Menschen, die um sie herum saßen. Da war Brian, seine Krawatte wie immer gelockert, sein Haar zerzaust. Er glaubte wohl, dass den anderen die Blicke, die er Sarah verstohlen zuwarf, entgingen. Er täuschte sich, stellte sie fest.

Sarah selbst, saß zwischen den Kindern und achtete darauf, dass die beiden aßen, ohne, dass das halbe Essen auf den Boden fiel. Es war schön zu sehen, wie gut sie mit den Kindern nach der kurzen Zeit zurechtkam.

Maries Blick ging weiter zu den Kindern. Nicht zu glauben, wie glücklich die beiden aussahen. Marie konnte nur hoffen, dass die Kinder hier ein dauerhaftes Zuhause gefunden hatten.

Dana und Julian saßen so dicht beieinander, dass es Marie schleierhaft war, wie sie überhaupt essen konnten. Immer wieder zwinkerten sie sich zu und berührten sich. Mal trafen sich ihre Hände, mal ihre Wangen.

Dann musste Marie plötzlich an Detective Avery denken. Ein wirklich netter Mann, musste sie sich eingestehen.

26.

Dana nutzte den Nachmittag, um mit den Kindern zu spielen. Sarah hatte frei und auch Marie hatte das Haus verlassen. Brian hatte einen Hängesessel im Zimmer aufgehängt, in dem Dana jetzt mit den Kindern saß, sie hatten sich so gedreht, dass sie durch das große Fenster auf den Garten hinaussehen konnten. Sie las ihnen aus einem Buch vor.

Plötzlich fragte Simon: „Schaut Mama uns jetzt zu?“

Dana legte das Buch in ihren Schoß und zog die Kinder näher zu sich heran.

„Eure Mama und euer Papa schauen euch immer zu. Sie sind immer in eurer Nähe, auch, wenn ihr sie nicht sehen könnt. In eurem Herzen gibt es einen Ort, der nur für eure Eltern ist. An diesem Ort bewahrt ihr alle Erinnerungen an eure Eltern auf. Und wenn es euch mal schlecht geht oder besonders gut, wenn ihr traurig seid oder wütend, dann könnt ihr an diesen Ort denken und mit euren Eltern sprechen. Sie werden euch immer zuhören.“

Von der Zimmertür aus hatte Sarah das Gespräch mitbekommen. Sie war nach Hause gekommen und wollte nach den Kindern sehen. Nun stand sie im Türrahmen und hatte Tränen in den Augen.

Brian war kurz nach ihr gekommen. Er wollte sich vor einem Abendtermin noch umziehen und vorher auch nach den Kindern sehen. Unbemerkt war er hinter Sarah getreten. Auch er hatte Danas Worte gehört. Nun trat er einen Schritt vor. Als er Sarahs feuchte Wangen sah, zog er sie in seinen Arm.

„Aber Mama und Papa kommen uns nicht besuchen, oder?“, wollte Daniel dann wissen.

„Nein, mein kleiner Schatz. Besuchen können sie euch nicht mehr.“

„Warum nicht?“, wollte Simon wissen.

„Weißt du, der liebe Gott braucht sie da oben, bei sich im Himmel. Immer wieder mal braucht er dringend Hilfe, dann sucht er sich jemanden hier auf der Erde aus und holt ihn zu sich. Das ist für uns hier unten schwer zu begreifen.“

„Hoffentlich haben sie da oben nicht den ganzen Tag zu tun und können sich auch mal ausruhen“, sagte Daniel dann und sah in den Himmel hinauf.

„Mama schaukelt gerne. Diese Schaukel würde ihr gefallen. Wir hatten in unserem Garten auch eine Schaukel. Mama ist jeden Tag mit uns um die Wette geschaukelt. Sie ist eine großartige Schauklerin“, meinte Simon.

Dana fiel auf, das die Kinder nach wie vor in der Gegenwart von ihren Eltern sprachen. Sie schloss kurz die Augen, dann meinte sie: „Wenn ihr wollt, können wir morgen auch mal einen Spielplatz suchen und schaukeln. Ihr könntet mir dann zeigen, wie das geht.“

„Du weißt nicht, wie man schaukelt?“, fragten

Simon und Daniel gleichzeitig.

„Ich habe es schon lange nicht mehr getan", antwortete Dana. Seit über einem Jahr, fügte sie in Gedanken hinzu.

Aus den Augenwinkeln sah sie eine Bewegung. Sie drehte die Schaukel und sah Sarah und Brian in der Tür stehen. Sarah wischte sich über die Wangen und löste sich von Brian.

„Und wer schaukelt mit mir?", fragte Sarah die Kinder und bemühte sich um eine feste Stimme.

„Sarah, Brian!", riefen die beiden, befreiten sich aus Danas Armen und rannten zu Sarah und Brian.

Brian lächelte Dana zu und nickte fast nicht merklich. Dana wusste, er wollte ihr damit sagen, dass er das Gespräch mitgehört hatte und an ihren Worten Gefallen gefunden hatte. Dana drehte sich mit der Schaukel so, dass sie zu den Betten der Kinder sehen konnte. Sie schaute auf das Bild, das in der Mitte zwischen den Betten hing und die Jungs mit ihren Eltern zeigte. Ruth hatte in der Tat ein tolles Bild ausgesucht. Die Kinder waren begeistert, als Brian sie den Nagel dafür in die Wand schlagen ließ.

Nachdem Brian die Kinder ausgiebig durchgekitzelt hatte, stand er auf.

„Ich habe noch einen Termin zum Abendessen. Gute Nacht Jungs." Er wuschelte beiden die Haare und küsste sie auf die Wangen. Dann ging er zur Tür. Dort blieb er stehen, unschlüssig drehte er sich nochmal um.

„Sarah, hast du heute Abend schon etwas vor?",

fragte er und kam sich dabei vor, wie ein Teenager, der ein Mädchen zum Schulball einlud.

Sarah blickte zu ihm auf. „Nein, heute Abend habe ich nichts vor."

„Hättest du Lust, mich zu begleiten? Der Abend wird wahrscheinlich langweilig. Wir werden hauptsächlich über Verträge sprechen. Vielleicht schläfst du ein, noch bevor der Nachtisch serviert wird."

Dana musste sich ein Lächeln verkneifen. So hatte sie Brian noch gar nicht erlebt.

„Ich werde mir Mühe geben, nicht mit dem Gesicht in der Suppe zu landen", versprach Sarah.

Brian nickte unsicher.

„Ja, natürlich, Entschuldigung."

„Wann soll ich fertig sein?"

„Reicht dir eine Stunde?"

„Klar, das schaffe ich."

„Ich hol dich dann ab."

„Ich kann die Treppe auch runterlaufen und dich unten treffen."

„Sicher, wie du willst, dann bis nachher." Schnell verließ Brian den Raum.

„Na, dem hast du ja ordentlich den Kopf verdreht", stellte Dana fest.

„Oh Gott Dana, halte mich oder ich falle um."

„Du sitzt auf dem Boden."

„Oh, hab ich vergessen."

„Hallo, Bodenkontrolle an Sarah, geht es dir gut?"

„Ob es mir gut geht? Ich werde mit dem heißesten Typen des Kontinents Essen gehen und du fragst mich, ob es mir gut geht?“

„Du gehst mit Brian essen. Es ist ein Geschäftsessen. Es wird sterbenslangweilig.“

„Ich werde keinen Bissen herunterbekommen.“

„Das wäre schade.“

„Oh nein, ich habe überhaupt nichts anzuziehen! Ich muss ihm wieder absagen. Ich kann ja schlecht in Jeans zu einem Geschäftsessen gehen.“

„Komm wir sehen nach, was wir in meinem Kleiderschrank finden.“

Zusammen mit den Kindern gingen sie ins gegenüberliegende Schlafzimmer von Dana. Sie öffnete den Kleiderschrank und ließ Sarah den Vortritt.

„Aber jetzt musst du mich halten, sonst falle ich tatsächlich um. Dana, was ist das?“

„Mein Schrank.“

„Dana, das ist nicht einfach nur ein Schrank, das ist das Paradies. Das hier ist das Phänomenalste, was ich jemals gesehen habe. Niemand – hörst du? – niemand hat so viele, so tolle Kleider“, stellte Sarah fest. Dann hielt sie sich die Hand vor den Mund. Sie wollte einen Schritt vorwärts machen, blieb dann aber doch stehen. „Ich werde länger brauchen als eine Stunde, nur um mich hier drinnen umzusehen!“

Sarah verharrte noch eine Weile, dann flüsterte sie: „Das hier ist der feuchte Traum einer jeden Frau.“

„Frauen haben keine feuchten Träume.“

„Sollten sie aber.“

Lachend schob Dana Sarah weiter zu ihren Abendkleidern. Sie holte zielsicher ein schwarzes Kleid heraus und gab es Sarah.

„Hier, zieh das mal an", forderte sie Sarah auf, die noch immer mit offenem Mund neben ihr stand.

Dann jedoch zog sie rasch ihre Kleidung aus und streifte sich das Kleid über. Dana hatte mittlerweile passende Schuhe dazu ausgesucht und stellte sie vor Sarah auf den Boden. Diese schlüpfte hinein und meinte: „Das passt alles wie angegossen."

Anerkennend musterte Dana ihre Freundin. „Du hast recht. Wir scheinen in der Tat die gleiche Größe zu haben. Super."

Sarah trat vor den großen Spiegel am Ende des Raums. Langsam drehte sie sich.

„Oh Dana, das Kleid ist ein Traum. Sieh dir nur an, wie perfekt es sitzt."

„Ja, es ist wie für dich gemacht Du siehst toll aus." Stolz betrachtete sie ihre Freundin.

Genau eine Stunde später kam Sarah die Treppe hinunter. Brian stand schon in der Halle und war gerade dabei, sein Jackett überzuziehen. Ihm verschlug es schier den Atem. Sarahs Haar glänzte wie flüssiges Gold und stand im Kontrast zu dem schwarzen enganliegenden Abendkleid, das bis zum Boden hinabreichte. Seitlich war es hoch geschlitzt. Sehr hoch, wie Brian feststellte. Er kam ihr entgegen, als sie den Absatz der Treppe erreichte.

„Puh, du verstehst es, einem Mann den Kopf zu

verdrehen. Du siehst atemberaubend aus."

„Danke", antwortete Sarah leicht errötend.

Brian stand vor ihr. Er überragte sie um etliche Zentimeter. Sie war gleich groß wie Dana und es gewohnt, mit den meisten Männern auf Augenhöhe zu sein. Bei Brian musste sie jedoch ihren Kopf leicht in den Nacken legen, um ihm ins Gesicht sehen zu können. Während Brian sie mit seinen strahlend blauen Augen und dem perfekten Lächeln betrachtete, spürte Sarah, wie ihre Knie immer weicher wurden.

Sie versuchte, ihren Blick von seinem Gesicht zu lösen und ließ ihn an Brians Körper hinabwandern. Blöde Idee, schalt sie sich selbst, als ihr Blick auf der muskulösen Brust hängen blieb. Sie blinzelte und schaute weiter, sah Brians schmale Hüfte und die langen Beine in der maßgeschneiderten Hose.

Sie fuhr sich mit der Zunge über ihre Lippen und sah Brian wieder ins Gesicht. Wie von einem Magnet angezogen blieb ihr Blick jetzt an dem Grübchen an seinem Kinn haften. Entschlossen schüttelte Sarah den Kopf und hob ihren Blick weiter an. Blieb jedoch wieder an Brians Lippen hängen. Sie fragte sich flüchtig, wie sie wohl schmecken würden, würde sie daran herumknabbern. Gerade als sie sich bemühte, wieder einen klaren Kopf zu bekommen, spürte sie seinen Finger unter ihrem Kinn.

Brian hob ihren Kopf langsam hoch, bis sich ihre Blicke trafen. Dann senkte er seinen Mund langsam herab. Sarah konnte seinen heißen Atem an ihren

Lippen spüren. Ihr Herz setzte einige Schläge aus, ihr Magen schlug Purzelbäume. Brian senkte seinen Kopf langsam weiter, bis sich ihre Lippen vereinten. Wie Stromstöße durchfuhr es ihren Körper. Wie war das möglich? Wie konnte ein einzelner, vorsichtiger Kuss eine derartige Reaktion in ihrem Körper auslösen? fragte sich Sarah.

Brian fühlte, wie er mehr wollte von dieser Frau. Er würde sich beherrschen müssen. Er würde mehr Zeit brauchen. Er sollte diesen Kuss beenden. Jetzt. Sofort. Aber er war schwach. Sarah begann an seiner Lippe zu knabbern. Ihm entfuhr ein Stöhnen. Er legte seine Hand an ihren Kopf. Hielt ihn fest, wollte sie nicht mehr loslassen. Seine freie Hand glitt an ihrem Rücken auf und ab. Spürte die Wärme die von ihr aufstieg durch den dünnen Stoff des Kleides hindurch.

„Wenn ihr nicht erst zum Nachtisch ankommen wollt, müsst ihr langsam los, ansonsten empfehle ich euch ein Schlafzimmer, da die Kinder noch nicht im Bett sind." Julian konnte sich den Spaß nicht entgehen lassen, zuzusehen, wie die beiden auseinanderfuhren, wie Teenager, die bei ihrem ersten Kuss erwischt worden sind. Grinsend sah er zu ihnen.

Sarah räusperte sich und senkte ihren Blick. Wie konnte sie sich vor ihrem Arbeitgeber so gehen lassen? Sie wäre am liebsten im Erdboden versunken. Kurz überlegte sie, die Treppe hoch zu rennen und sich unter ihrer Bettdecke zu verstecken.

„Danke, Kumpel. Du hast schon immer über ein besonderes Taktgefühl verfügt.“ Brian schoss einen wütenden Blick in Julians Richtung ab und legte seinen Arm besitzergreifend um Sarah. Andererseits war er Julian dankbar, es hätte nicht viel gefehlt und er hätte Sarah hier auf der Treppe genommen.

Die beiden Männer grinsten sich unvermittelt an. Julian hatte offensichtlich Brians Absichten erkannt, bevor dieser sie selbst erkannt hatte. Er schob diesen Umstand auf die Tatsache, dass sein Gehirn kurzfristig außer Betrieb gewesen war.

„Einen schönen Abend euch beiden“, rief Julian ihnen zu, während er die Treppe hochjoggte. Er würde jetzt sehen, ob die Kinder schon schliefen und dann würde er mit seiner Frau da weitermachen, wo die beiden aufgehört hatten. Schelmisch grinsend ging er ins Kinderzimmer und kniete sich neben seine Frau an Daniels Bett, um ihm Gute Nacht zu sagen. Simon schlief schon tief und fest. Er ging zu ihm und hauchte ihm einen Kuss auf die Stirn.

In der Eingangshalle half Brian Sarah in einen leichten Sommermantel, den ihr ebenfalls Dana geliehen hatte.

„Du bist so still“, stellte er fest. „Tut dir leid, was passiert ist?“

„Ja. Nein. Ach, ich frage mich, ob ich morgen noch eine Arbeit habe. Ich weiß nicht, was in mich gefahren ist. Ich kenne mich so nicht. Ich – ich weiß nicht, was mit mir passiert ist.“

„Keiner wird dich wegen einem Kuss entlassen. Allerdings weiß ich nicht, wie Julian reagiert hätte, hätte ich dich auf der Treppe geliebt."

Sarah fuhr herum und sah Brian an. Als sie seinen neckenden Gesichtsausdruck sah, entspannte sie sich wieder.

„Du wirst deine Arbeit nicht verlieren. Julian überlegt immer, bevor er handelt. Im Gegensatz zu mir", fügte er hinzu und kniff ihr leicht in die Nasenspitze.

Dann nahm er Sarahs Arm und führte sie hinaus. Sein Porsche stand vor der Treppe. Brian half Sarah beim Einsteigen. Sie fühlte sich wie eine Königin, als sie sich in das weiche Leder sinken ließ.

Das Geschäftsessen verlief tatsächlich so, wie Brian vorhergesagt hatte. Dennoch genoss Sarah jede einzelne Minute. Sie konnte sich an Brian nicht sattsehen. Er sah fast überirdisch gut aus. Außerdem verlor er nicht einmal den Faden bei den Gesprächen. Sie stellte bewundernd fest, dass er auf jede Frage eine Antwort parat hatte. Sein Wissen schien unbegrenzt.

Auch den Geschäftspartnern schien er zu imponieren. Sie klebten förmlich an seinen Lippen. Keine Aussage, die er traf, wurde angezweifelt. Sarah konnte nicht sagen, ob das Essen so verlief, wie es in Brians Interesse war, sie konnte sich nicht auf die Gespräche konzentrieren.

Später, als sie wieder in seinem Auto saßen, fragte Brian besorgt: „Ich hoffe, du hast dich nicht zu Tode gelangweilt?“

„Nein, ich habe zwar fast nur Bahnhof verstanden, es war aber keineswegs langweilig.“

Sie kuschelte sich tiefer in ihren Sitz. Brian steuerte den Wagen auf einen Parkplatz, der völlig verlassen im Dunkeln lag.

„Was hast du vor?“, fragte Sarah misstrauisch.

„Wenn du noch nicht müde bist, dachte ich, wir könnten den Abend hier ausklingen lassen. Die Aussicht hier ... ist toll ...“ Er merkte, wie er unsicher wurde. Plötzlich kam ihm sein Einfall töricht vor. „Nicht das, was du vielleicht denkst ... Also, ich dachte wirklich ... Hm, vielleicht fahren wir einfach weiter.“ Was hatte er sich nur dabei gedacht? fragte er sich. Aber er musste sich eingestehen, dass er tatsächlich nicht wollte, dass der Abend schon zu Ende war. Immerhin hatte er kaum zwei Sätze mit ihr gesprochen.

„Kein Problem, Brian. Wenn ich Angst hätte, dass du in deinem Auto über mich herfällst, wäre ich gar nicht erst eingestiegen.“ Sarah drehte sich zu ihm und legte eine Hand auf seinen Arm.

„Ja, ist auch kein geeignetes Auto für so etwas“, antwortete er langsam.

Er fuhr den Wagen an das Ende des Parkplatzes und schaltete den Motor und die Scheinwerfer aus. Sarah setzte sich so hin, dass sie wieder zur Windschutzscheibe hinaussehen konnte. Vor ihnen lag das Meer. Es sah so friedlich aus. Der Mond spiegelte sich auf der glatten Oberfläche des Wassers. Am dunklen Nachthimmel funkelten unendlich viele Sterne.

„Erzähl mir von dir“, bat Brian.

Sarah drehte sich kurz zu ihm und schaute dann wieder nach vorne.

„Was würdest du gerne hören?“, fragte sie nach einer Weile.

„Eigentlich alles“, gab Brian zu.

Sarah lachte, rutschte tiefer in ihren Sitz und begann zu erzählen.

Irgendwann brach sie ab und schaute zu Brian. „Langweile ich dich?“

„Nicht eine Minute.“

Er legte seinen Arm um sie und zog sie an sich.

„Was ist mit deiner Familie?“, fragte er leise.

Brian spürte, wie sie sich versteifte.

„Was meinst du?“, wollte sie wissen, aber eigentlich nur, um Zeit zu schinden.

„Du hast mir so vieles erzählt, aber deine Eltern kamen nicht dabei vor.“

Sarah wunderte es nicht, dass er ein so guter Anwalt war. Es schien ihm nichts zu entgehen.

„Meine Mutter lebt in Europa. In Italien. Sie liebt die Leute und das Leben dort“, begann sie, brach dann aber wieder ab. Brian wartete eine Weile, als Sarah aber keine Anstalten machte, weiterzusprechen, fragte er: „Siehst du sie manchmal?“

„Leider nicht so oft, wie wir es gerne würden. Allein der Flug kostet ein Vermögen. Wir telefonieren viel und schreiben uns fast täglich E-Mails. Ich bin froh, dass ich weiß, dass es ihr gut geht.“

„Lebt sie alleine?“

„Nein, sie hat einen Mann gefunden, mit dem sie zusammenlebt. Angelo liest ihr jeden Wunsch von den Lippen ab. Dabei hat er sein typisches italienisches Temperament, das meine Mutter zum Lachen, aber auch zum Schreien bringen kann.“ Bei dem Gedanken an den kleinen Mann mit den dunklen Augen und dem schwarzen Haar, musste Sarah schmunzeln.

„Was ist mit deinem Vater?“, fragte Brian vorsichtig.

„Du lässt nicht locker, wie?“, wollte Sarah wissen.

„Ich glaube nicht. Blöde Angewohnheit“, antwortete Brian. „Wenn du aber nicht willst, musst du nicht weiter erzählen.“

„Ich rede nie darüber. Vielleicht fällt es mir deshalb so schwer“, begann Sarah. Sie schaute Brian an. Der Mond erhellte sein Gesicht in der ansonsten dunklen Nacht. Sie konnte seine Gesichtszüge klar erkennen. Auch wenn seine Augen im Dunklen lagen, wusste sie instinktiv, dass er tatsächlich nicht weiterbohren würde, würde sie hier nicht mehr weitererzählen wollen. Sie holte tief Luft und stieß sie mit leichtem Zittern aus.

„Mein Vater war Kardiologe. Er war eine Koryphäe auf seinem Gebiet. Seine Meinung war überall gefragt. Meine Mutter und er waren nach über zwanzig Jahren noch immer verliebt wie am ersten Tag, vielleicht sogar ein bisschen mehr. Eines Tages diagnostizierte man Krebs bei ihm. Er erzählte es meiner Mutter. Für sie war klar, dass sie keinen Tag ohne ihn hier auf dieser Welt bleiben würde. Und so schmiedeten sie ihren Plan. Eines Tages kamen sie zu mir, erzählten mir, von der Diagnose. Mein Vater hatte Lungenkrebs, man gab ihm zu diesem Zeitpunkt noch höchstens einen Monat.

Für mich brach eine Welt zusammen. Ich wusste nicht, wie ich damit umgehen sollte. Mein Vater machte es mir einfach. Er lebte jeden Tag mit mir und meiner Mutter, als wäre es der letzte. Wir unternahmen viel. Ich ließ mich von meinem Studium befreien, er übergab seine Patienten an seine Kollegen.

Eines Tages kam ich vom Einkaufen nach Hause und stellte die Taschen auf die Ablage in der Küche, da sah ich am Kühlschrank einen Zettel hängen. Ich nahm ihn ab und stellte fest, dass es ein Abschiedsbrief war. Meine Eltern verabschiedeten sich von mir. Meine Mutter schrieb, dass bei ihr Brustkrebs diagnostiziert worden war. Da auch sie nicht mehr lange zu leben hatte, meinte sie, dass ich mir keine Sorgen machen solle, sie wäre glücklich, bei ihrem Mann zu sein, mit ihm in den Tod zu gehen.

Ich stand in der Küche wie paralysiert. Ich weiß nicht mehr, wie lange ich auf den Brief gestarrt habe. Dann rannte ich in die Garage. Dort fand sich sie nicht. Ich rannte durch das ganze Haus. In ihrem Schlafzimmer fand ich sie schließlich. Sie lagen aneinander gekuschelt im Bett. Sie sahen aus, als würden sie schlafen. Auf einem der Nachttische standen Gläser. Mein Vater hatte ihnen einen Medikamentencocktail gemischt.

Dann löste sich meine Starre, ich konnte nicht glauben, dass sie tot waren. Ich ging zum Bett und rüttelte sie, wollte sie wecken."

Sarah machte eine Pause, Brian hielt sie fest und hauchte ihr Küsse ins Haar. Schließlich fuhr Sarah fort. „Erst nach einiger Zeit bemerkte ich, dass mein Vater ganz kalt war. Meine Mutter dagegen nicht. Ich kann dir nicht mehr sagen, was alles in mir vor sich ging. Ich rüttelte an ihr, schrie ihren Namen. Dann erst, weiß der Himmel warum, fiel mir ein, dass ich den Notruf wählen muss. Der Notarzt war schnell da. Sie stellten fest, dass meine Mutter noch lebte. Sie kam sofort ins Krankenhaus, für meinen Vater kam jede Hilfe zu spät."

Tränen rannen über Sarahs Gesicht. Brian sagte nichts mehr. Was hätte er auch sagen sollen. Er hielt sie einfach fest.

Es dauerte eine Weile, bis sich Sarah soweit gefangen hatte, dass sie weitersprechen konnte.

„Meine Mutter konnte schnell wieder aus dem Krankenhaus entlassen werden. Eines Tages fand ich in meinem Zimmer einen Brief. Er steckte zwischen meinen Büchern. Er war von meinem Vater. Ich weiß noch, wie meine Hände gezittert haben, als ich mich aufs Bett setzte und ihn öffnete. Er schrieb mir, dass ich ihm verzeihen soll, und ebenso meine Mutter. Seine Zeit mit uns war abgelaufen, die meiner Mutter aber noch nicht. Er schrieb, dass Mutter kerngesund sei. Sie habe mich nur nicht beunruhigen wollen, als sie mir ihren Abschiedsbrief schrieb.

Er konnte nicht mit der Vorstellung sterben, dass er seine Frau mit sich nimmt, wo diese noch ihr Leben vor sich hatte. Er habe bei der Mischung des Medikamentencocktails darauf geachtet, dass sie zwar einschlafen, auf keinen Fall jedoch daran sterben würde. Nun, er war Mediziner, er wusste genau, was er tat. Sein größter Wunsch war es, zu wissen, dass es ihr gut geht, dass sie ihr Leben weiterlebt und nicht an der Erinnerung, an das was war, zugrunde ging. Sie hatten eine unbeschreiblich schöne Zeit hinter sich. Aber ihr Leben würde weitergehen. Er wollte, dass ich mich um sie kümmere, jetzt wo er nicht mehr bei uns war. Ich sollte dafür sorgen, dass sie sich nicht vor Kummer grämte.

Als ich meiner Mutter den Brief zeigte, war sie zunächst am Boden zerstört. Sie konnte nicht verstehen, dass Vater derart egoistisch gehandelt und sie nicht mitgenommen hatte. Eine harte Zeit begann. Sie bestätigte, was mein Vater geschrieben hatte. Sie war in der Tat gesund. Ich wusste nicht, ob ich wütend, traurig oder einfach nur enttäuscht sein sollte. Mutter aß immer weniger und stand zum Schluss nur noch selten aus ihrem Bett auf. Ich wusste nicht, was ich machen sollte, einerseits ging es mir selbst nicht gut, andererseits war da auch der Brief, in dem mein Vater mich gebeten hatte, mich um Mutter zu kümmern. Sein letzter Wunsch. Spontan kaufte ich zwei Flugtickets und schleppte sie in einen Flieger nach Italien. Nun, für sie war es ein one-way Ticket."

Brian hatte unzählige Fragen, stellte aber keine einzige. Er hielt sie einfach nur fest und streichelte ihren Arm, während er den Duft ihrer Haare einatmete.

„Jetzt habe ich uns den Abend verdorben", murmelte Sarah nach einiger Zeit.

„Nein, das hast du nicht", flüsterte Brian.

Mit seiner freien Hand drehte er leicht ihren Kopf, so dass sie ihn ansehen konnte.

„Danke, dass du mir das alles erzählt hast." Er senkte seinen Kopf und küsste sie, kostete an ihren Lippen, ihrer Zunge. Er ließ seine Daumen über ihre Wange gleiten, fühlte ihre samtweiche Haut.

Nachdem er den Kuss beendet hatte, schaute Brian sie noch eine Weile an. Das Mondlicht ließ ihre Haut schimmern.

„Und du, willst du mir jetzt von deinem Vater erzählen?", fragte Sarah nach einer Weile.

Brian warf sich in seinen Sitz zurück, schlug mit dem Kopf gegen die Kopfstütze und stöhnte, wobei er seine Augen fest zusammenkniff.

„Habe ich etwas Falsches gesagt?", fragte Sarah besorgt.

„Nein, nichts Falsches." Brian öffnete seine Augen wieder und blinzelte zu Sarah hinüber.

Sie wartete gespannt, was er wohl sagen würde. Dann setzte er sich wieder auf, nahm sie in den Arm und zog sie an sich heran.

„Früher“, begann er, „früher habe ich mir immer die tollsten Geschichten ausgedacht. Mein Vater, der als Held fürs Vaterland starb als er gerade als Feuerwehrmann ein großes Feuer löschte und dabei noch hundert Menschen das Leben gerettet hatte oder als Spion in einem fernen Land tätig war, manchmal erzählte ich auch, dass er irgendwo verschleppt wurde und jetzt in einem dunklen Loch eingesperrt wäre. Ich war äußerst kreativ. Die Wahrheit ist aber, dass er mich und meine Mutter schlicht hat sitzen lassen. Ich kenne ihn nicht und lege auch keinen Wert darauf, ihm jemals zu begegnen. Eigentlich denke ich nur noch selten an ihn. Wobei ich zugeben muss, dass es als Kind nicht immer einfach war, nicht zu wissen wer sein Vater ist, dafür aber zu wissen, dass er nichts mit einem zu tun haben will.“ Brian zuckte die Schultern und lächelte.

„Was ist?“, wollte Sarah wissen.

„Nichts.“

„Warum lachst du?“

„Ich musste gerade an etwas denken?“

„Willst du es mir verraten?“

„Nein, ich werde es dir zeigen.“

Damit küsste er sie erneut und ließ seine Hand an ihrem hoch geschlitzten Kleid hinauf wandern.

„Sagtest du nicht, dass das Auto für so etwas nicht gebaut sei?“, fragte Sarah zwischen zwei Küssen.

„Vielleicht sollten wir es auf einen Versuch ankommen lassen“, schlug Brian vor und brachte

Sarah damit zum Kichern.

27.

Die nächsten Wochen wurden kräftezehrend. Ständig kamen Vertreter irgendwelcher Behörden ins Haus – angemeldet und unangemeldet. Alles wurde unter die Lupe genommen. Dana fühlte sich wie in einem gläsernen Käfig. Sie mussten unentwegt Fragen beantworten. Es wurden Fragen über ihre Kindheit gestellt, Fragen über ihre Ehe, ihre Finanzen, einfach über alles. Doch die schlimmste Erfahrung für Dana war es, als schließlich noch ihre Fingerabdrücke genommen wurden. Hoch erhobenen Hauptes ließ sie diese Prozedur über sich ergehen. Mehrfach jedoch warf sie Julian einen Blick zu. Sie spürte, dass auch ihm nicht wohl war. Nun, sie würden es für die Jungs durchstehen. Zwischenzeitlich hatte Julian einen Rechtsanwalt beauftragt, der ihnen zur Seite stand. Zwar erfüllten sie, wie ihnen eines Tages mitgeteilt wurde, sämtliche Kriterien, die für eine Adoption erforderlich waren, die Bürokratie machte jedoch eine schnelle Abwicklung der Formalitäten unmöglich.

„Nie hätte ich mir vorgestellt, dass diese Prozedur so kräftezehrend ist“, sagte Dana eines Abends zu Julian, als sie nebeneinander vor dem prasselnden Kaminfeuer saßen.

„Ja, da hast du recht. Ich bin froh, dass der Anwalt uns vieles abnehmen kann. Er rechnet damit, dass bald ein Termin für die Entscheidung festgelegt wird.“

„Das ist gut“, antwortete Dana.

„Die Kinder scheinen von all dem Gesehen unbeeindruckt zu sein“, stellte Julian fest.

„Ja, das ist mir auch aufgefallen. Außerdem fragen sie nicht mehr so oft nach ihren Eltern. Mir bricht es jedes Mal fast das Herz, wenn Simon oder Daniel nach ihrer Mama fragen.“

„Sie haben hier viel Ablenkung. Es ist gut, dass sich so viele Menschen um sie kümmern. Apropos, wo stecken Brian und Sarah eigentlich?“

„Kino, Theater, Oper ... Ich habe keine Ahnung. Brian ist sehr einfallsreich, wenn es darum geht, Sarah an ihren freien Abenden aus dem Haus zu locken“, stellte Dana lächelnd fest.

„Vermisst du das? Würdest du gerne öfters ausgehen?“, fragte Julian mit einem besorgten Ton in der Stimme.

„Du meinst öfters als die fünf bis sechs Termine, die wir jede Woche haben? Lass mich darüber nachdenken“, frotzelte Dana.

„Dana, ich meine es ernst. Ich weiß, dass wir zu all dem Stress, der diese Adoption mit sich bringt, sehr viele geschäftliche Termine haben. Dennoch habe ich immer das Gefühl, dass ich dich vernachlässige. Dass ich zu wenig Zeit mit dir verbringe.“

„Dann lass dir gesagt sein, dass ich es

faszinierend finde, wie du nach einem derart langen Arbeitstag dich mit den langweiligsten Menschen dieses Planeten triffst, dabei noch Zeit für mich und die Kinder aufbringst und obendrein noch so verboten gut aussiehst, wie machst du das?“

„Lenk nicht ab, Kleines. Bist du hier glücklich?“

„Julian, natürlich bin ich glücklich, wirke ich unglücklich auf dich?“

„Oh Mann“, Julian fuhr sich durch die Haare. „Ich stelle fest, dass ich einfach zu wenig Erfahrung habe.“

„Du hast wenig Erfahrung? Womit denn?“

„Ich meine, müsstest du nicht jeden Tag aus dem Haus rennen und Berge von Geld ausgeben?“

„Du meinst, dass das Glück ausmacht? Wie viel Geld man am Ende des Tages ausgegeben hat?“

„Nein, natürlich nicht. Wahrscheinlich nicht. Ich weiß es nicht.“

„Worauf willst du eigentlich hinaus, Julian?“

„Keine Ahnung. Wenn ich mit anderen Männern rede, schimpfen sie immer nur darüber, wie viel Geld ihre Frauen in dieser Boutique oder jenem Schönheitssalon liegen lassen. Du warst bisher nur einmal beim Friseur, seit du hier bist. “

„Stimmt was nicht mit meinem Haar?“

„Unsinn. Ich meine ... Ach, ich will einfach ... Manchmal denke ich an das Gespräch, das wir bei deiner Ankunft hier hatten. Du wolltest damals nicht, dass ich deinen Burger bezahle, erinnerst du dich?“

„Ja.“ Dana lächelte, als sie daran zurückdachte.

„Dana, du hast ein eigenes Konto, es ist allein dein Geld. Geb es aus."

„Vielleicht kaufe ich mir morgen ein Buch."

„Bitte mach dich nicht über mich lustig, Dana. Ich weiß nicht, wie ich es dir verständlich machen kann. Ich möchte einfach, dass du weißt, dass alles hier dir gehört."

„Das weiß ich doch und glaub mir, wenn ich etwas brauche, kaufe ich es mir, versprochen. Ich habe nicht das Gefühl, dass es mir im Moment an irgendetwas fehlt."

„Ich möchte nicht, dass du dich hier im Haus verschanzt, ich weiß auch nicht, ich habe einfach immer noch Angst, dass du hier total unglücklich werden könntest und eines Tages wütend auf mich wirst, weil ich dich dazu gezwungen habe, dein Leben aufzugeben."

„Ich hatte kein Leben mehr, bis du hineingestolpert bist." Dana schaute ins Feuer, dann meinte sie entschlossen: „Schluss jetzt damit." Sie rollte sich auf Julians Bauch und küsste ihn leidenschaftlich. Plötzlich brach sie den Kuss ab.

„Sag mal", fragte sie. „Ist dir auch aufgefallen, dass Marie in letzter Zeit viele Termine in der Stadt hat? Sie fährt nahezu jeden Tag weg und bleibt immer recht lange. Glaubst du, dass sie krank ist?"

„Nicht direkt krank würde ich sagen", antwortete Julian und versuchte wieder an Danas Lippe zu knabbern.

„Was meinst du mit *nicht direkt*?"

Julian stöhnte resigniert auf und antwortete: „Sie trifft sich mit Detective Avery."

„Sie trifft sich mit ... Woher weißt du das?", wollte Dana wissen, ließ Julian aber nicht dazu kommen zu antworten. „Beschattest du sie etwa auch?", fragte sie entsetzt.

„Unsinn Dana. Ich habe sie neulich in der Stadt getroffen."

„Und du hast mir nichts davon gesagt?"

„Ich wusste nicht, dass du dich für Maries Liebesleben interessierst. Frag sie doch einfach."

„Ich interessiere mich nicht für anderer Leute Liebesleben. Liebesleben? Sie und Detective Avery?", Dana brach ab und dachte kurz nach. Dann schaute die Julian an: „Ich war in Sorge, dass sie krank wäre", klärte Dana Julian auf.

„Entschuldigung, das war taktlos von mir."

Dana antwortete hierauf nichts.

„He, du könntest wenigstens sagen, dass ich *nicht* taktlos bin."

„Aber du bist es!"

Kurzerhand beschäftigte sich Julian wieder mit Danas Lippen, und um ihr ein Entkommen unmöglich zu machen, hielt er ihren Kopf fest.

Laut polternd flog die Haustür auf und Brian und Sarah kamen lachend in die Halle.

„Psst, wir werden noch die Kinder wecken", sagte Sarah, prustete dann aber wieder von Neuem los.

Als Brian sah, dass im Wohnzimmer noch Feuer brannte, führte er Sarah in den Raum und schloss die Tür. Beide hielten sich die Bäuche vor Lachen. Sarah war barfüßig.

Nur wiederwillig ließ Julian von Danas Lippen ab.

„Ich hoffe, ihr habt eine gute Ausrede, so ein Spektakel zu vollführen“, grummelte er.

Brian zog Sarah auf das andere Sofa. Sarah bemühte sich verzweifelt, eine ernste Miene zu machen, musste aber immer wieder mit Lachen anfangen.

„Wollt ihr uns an euren Erlebnissen teilhaben lassen?“, fragte Julian, der sich mittlerweile aufrecht hingesetzt hatte und seinen Arm nun um Dana legte. Er schaute seinen Freund und die Freundin seiner Frau an. Plötzlich mussten auch er und Dana lachen.

Nach einer Weile fragte Dana nochmal: „Was hat euch so zum Lachen gebracht?“

„Das war vielleicht ein Abend“, fing Brian an. „Zuerst waren wir im Kino. Gerade als der Film richtig spannend wurde, riss das Band, Ende der Vorstellung. Dann wollten wir essen gehen. Diese Idee hatten wohl andere auch. Nachdem wir in drei Restaurants abgewiesen wurden, sind wir zu einem Imbiss gegangen und haben uns Burger und Cola gekauft. Da auch dort keine Plätze mehr frei waren, haben wir uns entschlossen, in den Park zu gehen und dort zu essen.“

Brian musste eine Pause machen, weil er wieder lachen musste. Sarah fuhr für ihn fort.

„Jedenfalls fanden wir dort eine freie Bank und setzten uns. Gerade als wir unser Essen ausgepackt hatten, kam ein Obdachloser und erklärte uns, dass wir in seinem Bett sitzen würden. Wir beschlossen zusammen zu rücken und Bett und Essen zu teilen. Dann holte der Kerl einen Plastikkanister Wein aus seinem Einkaufswagen und schenkte uns ihn in unsere Becher ein. Wir tranken also feinsten Rotwein zu einem Dollar der 5-Liter-Kanister. Der Kerl, er hießt übrigens James, war große Klasse, er unterhielt uns geschlagene zwei Stunden lang, er kannte die unglaublichsten Geschichten. Irgendwann waren wir kurz davor zu erfrieren, also räumten wir sein Bett. Als wir aufstehen wollten, merkten wir, dass wir kaum noch geradeaus laufen konnten. Wir mussten uns also ein Taxi bestellen."

Da Brian sich wieder beruhigt hatte, fuhr er fort:

„Der Taxifahrer kam und wollte uns zuerst nicht mitnehmen. Wir konnten ihn aber überreden. Dann verfuhr er sich ständig. Zum Schluss war die Rechnung so hoch, dass wir genauso gut in einem Hotel hätten schlafen können. Jedenfalls stiegen wir dann vorne am Hoftor aus und liefen die Zufahrt hoch, da brach Sarahs Absatz ab. Da sie ja schlecht barfuß über den Kies laufen konnte nahm ich sie huckepack."

„Du hast mich auf den Rücken genommen wie einen Sack Kartoffeln", warf Sarah ein.

„Du hast hüa hüa gerufen. Ich bin doch kein Gaul."

Beide mussten wieder lachen bis ihnen die Tränen kamen.

Julian sah Dana an.

„Ich glaube, hier können wir nur mitlachen, wenn wir auch Wein aus einem Kanister getrunken haben.“

Wenig später lag Dana neben Julian im Bett. Sie drehte sich zu ihm und schaute ihn an. Das Mondlicht erhellte den Raum nur wenig.

„Willst du mir sagen, was dich wirklich bedrückt?“

Julian schaute seine Frau an. Lange sagte er nichts. Dann zog er sie zu sich heran. Es hatte keinen Sinn ihr etwas vorzumachen, sie kannte ihn zu gut.

„Vivien war heute bei mir im Büro.“

Dana fiel auf, dass Julian, wenn er von seiner Mutter sprach, sie immer nur beim Vornamen nannte.

„Was wollte sie?“, fragte sie vorsichtig.

„Dasselbe wie immer. Sie hat ihre Scheidung eingereicht. Ich glaube, das ist ein neuer Rekord.“ Seine Stimme hörte sich resigniert an. „Sie brauchte nicht lange, um auf den Punkt zu kommen. Sie teilte mir mit, dass ihr Leben zerstört sei. Sie stünde vor dem Ruin. Ihr letzter Ehemann habe ihr das letzte Hemd geraubt. Dann kam wieder die alte Leier. Wie sie sich für mich Jahre lang geopfert hat und dafür keinerlei Dank erhalten würde.

Sie sei ein sparsamer Mensch, aber auch sie müsste sich ab und zu mal einen Wunsch erfüllen, und so weiter.“

„Was hast du ihr gesagt?“

„Ich habe ihr gesagt, wenn sie es noch einmal wagt, einen Fuß in ein Gebäude, dass mir gehört, zu setzen, werde ich ihr persönlich jeden einzelnen, verdammten Knochen in ihrem Körper brechen.“

Dana konnte noch immer die Wut spüren, die in Julian brodelte.

„Das wird schwer, wenn man bedenkt, wie viele Gebäude dir gehören. Vielleicht solltest du ihr der Fairness halber eine Liste schicken.“

Julian lachte und grub seine Nase in Danas Haare, dann zog er sie auf sich und flüsterte schlicht: „Danke.“

Langsam schob er ihr Oberteil nach oben, zog es ihr über den Kopf und streichelte mit seinen Fingerspitzen über ihren Rücken, bis ihr Körper vor Lust zuckte. Dana setzte sich auf und knöpfte langsam Julians Schlafanzug auf. Sie schob den Stoff beiseite und ließ ihre Finger über seine Brust gleiten. Sie glitt tiefer über seinen Bauch, spürte seine Muskeln. Sie streifte die Narbe, die kaum noch zu sehen war, sie aber noch immer spüren konnte, verweilte dort, streichelte die Stelle, bis ihm ein Stöhnen entfuhr. Sie beugte sich über ihn und flüsterte: „Ich liebe dich.“ Dann machte sie sich daran, die restlichen Kleidungsstücke abzustreifen.

28.

Am Tag, als es zum ersten Mal in diesem Winter schneite, kam per Post der Brief, in dem das Datum der Bekanntgabe der Entscheidung über die Adoption mitgeteilt wurde. Sie würde noch drei Wochen warten müssen. Drei Wochen, die ihnen wie eine Ewigkeit vorkommen würde, dachte Dana, als sie den Brief geöffnet hatte.

Sie rief Julian im Büro an, dass er sich den Termin vormerken konnte.

„Was sollen wir tun, wenn sie uns die Kinder nehmen werden?", fragte Dana. In ihrer Stimme schwang die Verzweiflung, die sie ohne Erfolg zu verdrängen versuchte.

„Ich kann dir darauf keine Antwort geben, Dana. Ich weiß es einfach nicht. Es war von vorn herein klar, dass diese Option bestand, und, dass es schwerer für uns werden würde, je länger die Jungs bei uns sind."

„Ich weiß, aber es fällt mir schwer, rational zu denken. Ich glaube, ich werde gleich hysterisch."

„Dana, beruhige dich. Du kannst dich jetzt nicht drei Wochen lang verrückt machen." Julian fühlte sich hilflos. Er hätte am liebsten alles stehen lassen, hätte sich ins Auto gesetzt und wäre zu Dana und den Jungs gefahren. Doch er hatte

Termine, außerdem würde nichts die Entscheidung beeinflussen können, sie würden abwarten müssen. Abwarten und hoffen. Er schlug Dana vor, mit Hanni und Frank zu telefonieren. Er wusste, die beiden würden sie auf andere Gedanken bringen. Dana beendete das Gespräch mit Julian und wählte direkt Hannis Nummer.

Nachdem sie das Gespräch beendet hatte, ging Dana zu den Jungs und Sarah in den Garten hinaus. Sie versuchten aus den wenigen Schneeflocken, die am Boden lagen, einen Schneemann zu bauen. Dana zog sich ihre Handschuhe an und half ihnen. Schließlich bauten sie eine Familie aus Miniaturschneemännern. Dana zog sich das Herz zusammen, als sie nachzählte und feststellte, dass für jeden aus dem Haus ein Schneemann dastand. Vier kleine Schneemänner und dazwischen standen zwei noch kleinere.

„Was ist mit dir los?“, fragte Sarah.

Dana erzählte ihr von dem Brief.

„Dana, egal, wie die Entscheidung ausfällt. Die Wochen, die du mit den Kindern verbracht hast, kann dir keiner mehr nehmen.“

Dana versuchte, zu lächeln und nickte. Sie wusste, Sarah hatte recht. Aber dieses Wissen half ihr im Moment auch nicht weiter.

„Bekommen wir eine heiße Schokolade?“, fragte Daniel.

„Klar, auf zu Marie in die Küche“, rief Sarah.

Begeistert rannten die Kinder zur Hintertür.

„Denkt an eure Schuhe“, konnte Sarah noch hinter

ihnen herrufen, bevor die Jungs mit ihren nassen Schuhen ins Haus rannten.

„Das war zu spät“, stellte sie fest.

Sie hakte sich bei Dana unter und ging mit ihrer Freundin hinter den Jungs her.

„Wir werden die nächsten drei Wochen einfach noch intensiver genießen, mehr können wir nicht machen. Außerdem wäre es für die Jungs wahrscheinlich nicht gut, wenn sie die nächsten drei Wochen in Angst leben müssen“, mahnte Sarah.

„Du hast recht. Ich werde mich zusammenreißen.“

Marie stellte die vier dampfenden Tassen auf den Tisch. In die Mitte stellte sie einen Teller mit Schokoladenkeksen, auf die die Kinder sich stürzten. Dana biss in einen Keks, trank einen Schluck von ihrer Milch und spürte plötzlich, dass sie das Essen nicht bei sich behalten würde können. Sie stürzte vom Tisch auf und rannte zur Toilette.

„Was hat Dana?“, wollte Daniel wissen.

„Vielleicht hat sie sich den Magen verdorben. Esst weiter, ich sehe nach ihr“, antwortete Sarah.

Als sie in die Halle kam, kam Dana ihr entgegen. Sie war leichenblass.

„Was ist mit dir los?“, fragte sie ihre Freundin besorgt.

„Ich weiß es nicht, mir ist plötzlich schlecht geworden.“

„Vielleicht solltest du dich besser hinlegen“, schlug Sarah vor.

Dana nickte und ging in Richtung Treppe. Sie hatte erst zwei Stufen genommen, als ihr erneut schlecht wurde. Sie rannte die Treppe hoch in ihr Bad. Sarah war sich unsicher, was sie tun sollte. Sie ging zu Marie in die Küche.

„Kannst du einen Tee für Dana machen? Ich glaube, sie ist krank."

„Können wir zu ihr?", riefen die Kinder.

„Zuerst helft ihr mir mit dem Tee, dann bringen wir ihn nachher gemeinsam hoch", schlug Marie vor.

Froh, dass die Kinder kurz abgelenkt waren, verließ Sarah wieder die Küche und ging zu Dana. Sie fand sie auf dem Boden vor dem Klo kauernd.

„Dana!", rief sie besorgt.

„Ich kann gar nicht aufhören. Da dachte ich, es wäre besser, ich bleibe gleich hier", antwortete Dana mit zittriger Stimme.

„Soll ich einen Arzt rufen?", fragte Sarah besorgt.

„Nein, irgendwann muss es ja mal zu Ende sein."

Doch schon musste Dana wieder würgen. Sarah hielt ihr den Kopf.

„Das musst du nicht, Sarah, ich komme zurecht."

„Das weiß ich, aber ich lass dich hier nicht allein. Keine Sorge, so etwas schreckt mich nicht, wer mit Kindern arbeitet, rennt nicht so schnell davon."

Dana nickte und beugte sich dann erneut über die Toilette. Sarah brachte ihr ein Glas mit Wasser. Dana nippte vorsichtig, konnte aber nicht einmal das Wasser bei sich behalten.

„Wenn das nicht aufhört, müssen wir doch einen Arzt kommen lassen", meinte Sarah besorgt.

Dana nickte. Als es an der Zimmertür klopfte, stand Sarah auf und nahm Marie das Tablett ab.

„Ich glaube, es wäre besser, wenn wir den Besuch bei Dana verschieben“, sagte sie den Kindern und hörte schon wieder, wie Dana würgen musste. „Wir machen es so, wenn es Dana etwas besser geht, sage ich euch Bescheid. Vielleicht nehmt ihr solange ein paar Spielsachen mit und spielt etwas in der Küche.“

Sie sah zu Marie auf, die nickte und die Kinder an die Hand nahm. Dann ging sie wieder zu Dana. Deren Hautfarbe war mittlerweile von totenblass zu grau gewechselt. Ihre Haut war eiskalt.

„Vielleicht sollte ich dich jetzt ins Bett bringen. Meinst du, wir schaffen das miteinander?“

„Wir versuchen es.“

Dana versuchte aufzustehen, ihr wurde jedoch sofort schwarz vor Augen.

„Dein Kreislauf ist im Keller. Warte, ich bring dir von dem Tee. Vielleicht tut der dir gut. Du hast zu viel Flüssigkeit verloren.“

Sarah löffelte Dana den Tee in den Mund. Als diese einige Löffel bei sich behalten hatte, versuchten sie es erneut, Dana ins Bett zu schaffen.

Schritt für Schritt gingen sie hinüber ins Schlafzimmer. Dana zitterte am ganzen Körper, als sie es endlich zum Bett geschafft hatte. Kraftlos ließ sie sich niedersinken.

Sarah gab ihr noch einmal ein paar Löffel Tee. Dann schlief Dana ein. Sarah organisierte einen

Eimer, den sie neben Danas Bett stellte. Anschließend ließ sie Simon und Daniel noch kurz bei Dana ins Zimmer schauen. Die beiden wurden ruhiger, als sie Dana schlafen sahen.

„Wird sie wieder gesund?“, wollte Simon wissen.

„Natürlich, mein Schatz. Sie braucht jetzt nur viel Schlaf.“

„Braucht der liebe Gott sie noch nicht?“, fragte Daniel.

Sarah erinnerte sich an das Gespräch zwischen Dana und den Kindern.

„Nein, Dana wird noch hier unten gebraucht, was meint ihr?“

„Ja, ja“, riefen die Kinder.

„Wollen wir sehen, ob etwas im Fernsehen kommt?“

„Ja, ja.“

Im Wohnzimmer kuschelten sich alle drei in ein Sofa und zogen sich eine Decke bis ans Kinn. Sie schauten den Film, bis Brian und Julian zum Abendessen nach Hause kamen.

Dana schlief die Nacht durch. Als sie am nächsten Morgen aufstehen wollte, wurde es ihr erneut schlecht. Sie rannte ins Bad. Julian, der gerade dabei war sich anzuziehen, kam hinter ihr her.

„Vielleicht solltest du doch zum Arzt, Liebes“, schlug er vor.

„Ich glaube, es geht mir jetzt besser.“

„Du meinst, nachdem du dich erneut übergeben hast?“

„Mach dich nicht lustig!“

„Dann benimm du dich nicht wie ein Kind. Wir können uns vielleicht darauf einigen, dass du zum Arzt gehst, wenn du heute wieder nichts bei dir behalten kannst.“

„Gut.“

Dana ging zum Waschbecken und putzte sich gründlich die Zähne. Sie spürte Julians Blick in ihrem Rücken.

„Es geht mir wirklich besser“, sagte sie, den Mund voll Schaum.

Julian trat zu ihr und küsste ihr Haar.

„Ich habe dich noch nie krank gesehen, das bringt mich etwas aus dem Konzept.“

„Ich bin auch eigentlich nie krank“, antwortete Dana und wusch sich das Gesicht ab.

„Ist es wegen des Briefes?“, fragte Julian vorsichtig.

„Das war auch mein erster Gedanke. Aber ich glaube nicht, dass ein Mensch wegen eines Briefes derart spucken kann.“ Dana stellte ihre Zahnbürste zurück ins Glas und spritzte sich etwas lauwarmes Wasser ins Gesicht. Julian beobachtete sie mit gemischten Gefühlen. Er sah, wie hell, fast durchscheinend ihre Haut war. Außerdem sah er die tiefen dunklen Schatten, die unter ihren Augen lagen. Er betete im Stillen, dass sie sich nur einen Virus eingefangen hatte.

29.

In den folgenden Tagen ging es Dana wieder besser, zwar wurde ihr noch immer öfters übel, doch legte sich diese Übelkeit wieder, sobald sie einen Tee trank. Zusammen mit Sarah unternahm sie viele Ausflüge mit den Kindern. Es war mittlerweile so viel Schnee gefallen, dass sie häufig miteinander Schlittenfahren gingen. Dennoch stellte Dana fest, dass sie nicht mit ganzem Herzen bei der Sache war. Sie fragte sich, ob sie sich innerlich wohl schon von Simon und Daniel verabschiedete.

An diesem Nachmittag waren sie wieder Schlittschuhlaufen gewesen. Als die Kinder müde wurden, machten sie sich auf den Nachhauseweg. Sie fuhren an einem großen Spielwarenladen vorbei.

„Können wir da reingehen?“, fragte Daniel und hüpfte aufgeregt in seinem Sitz auf und ab.

„Hm, ihr könntet euch dort umsehen und dann einen Wunschzettel für den Weihnachtsmann machen. Was haltet ihr davon?“, schlug Dana vor.

„Das ist toll!“, riefen die Kinder.

Dana fuhr auf einen Parkplatz. In dem Laden gab es alles, was ein Kinderherz höher schlagen ließ. Und auch das eines Erwachsenen, dachte Dana, die sich an die vielen Dinge erinnerte, die Brian hier vor wenigen Wochen für die Kinder gekauft hatte, als diese die erste Nacht bei ihnen verbracht hatten.

„An was denkst du?", riss Sarah ihre Freundin aus ihren Gedanken.

„Ich weiß auch nicht, egal an was ich denke, letztendlich bin ich wieder bei dem Termin. Es sind jetzt nur noch zwei Tage. Ich werde bald wahnsinnig."

„Ja, mittlerweile werde ich auch ständig nervöser", gestand Sarah, „ich frage mich, wie Brian und Julian es schaffen, so ruhig zu bleiben. Ihnen merkt man keinerlei Nervosität an."

„Die beiden können sich bei ihrer Arbeit auch ablenken. Wir dagegen werden ja durch die unmittelbare Nähe zu den Kindern ständig daran erinnert."

„Da hast du recht. Schau dir die beiden an, ich glaube die Liste für den Weihnachtsmann wird sehr lang", sagte Sarah und deutete auf die Kinder, die mit roten Wangen vor ihnen her rannten.

Es dauerte fast zwei Stunden, bis sie den Laden wieder verlassen konnten. Dana hatte den Jungen neue Stifte und zwei extra dicke Malblöcke gekauft, so dass die beiden sofort mit dem Malen ihrer Wunschzettel beginnen konnten.

Zu Hause am Küchentisch wurden die Malsachen ausgebreitet. Daniel und Simon waren sofort in ihre Bilder vertieft.

Dana machte sich einen Tee.

„Weißt du, wo Marie ist?", fragte sie, während sie

den Beutel in die Tasse fallen ließ.

„Nun, ihr Auto stand nicht in der Garage, sie wird in der Stadt sein“, meinte Sarah.

„Bei Detective Avery?“

„Wahrscheinlich. Er ist ihr eine große Stütze. Auch ihr geht der Termin ziemlich an die Nieren. Er schafft es, sie zu beruhigen.“

„Ich habe die letzten Tage nicht viel mit Marie gesprochen. Ich habe mich nur um mich gekümmert“, stellte Dana mit einer Wut auf sich selbst fest.

„Nun, dich betrifft die Sache mit am stärksten. Außerdem warst du noch krank und hast viel mit den Kindern unternommen. Wie solltest du auch noch Zeit aufbringen, dir die Sorgen anderer anzuhören.“

„Es ist trotzdem nicht gerade toll. Marie ist immer für mich da. Ich weiß nicht, wie ich es nicht bemerkt habe, dass auch sie unter dem Druck leidet.“

„Stimmt, während du mit dem Kopf über der Schüssel hingst und dabei noch Verstecken mit den Kindern gespielt hast, hättest du ruhig noch die Welt retten können.“

„Mach dich nicht über mich lustig.“

„Tu ich nicht, mach du dir nicht über Dinge Gedanken, die du nicht ändern kannst.“

Dana fischte den Teebeutel aus der Tasse und ließ ihn in den Mülleimer fallen. Sie nippte vorsichtig an dem heißen Getränk. Dann goss sie Milch in zwei Gläser und stellte sie vor die Kinder. Diese beachteten sie gar nicht.

„Hättest du gerne einen Kaffee?“, fragte Dana und schaute zu, wie Sarah unter den Tisch kroch, um einen Stift aufzuheben, der Simon hinuntergerollt war.

„Nein, ich trinke ein Wasser, sonst kann ich heute Nacht nicht mehr schlafen.“

„Brian hätte nichts dagegen“, frotzelte Dana.

Sarah kam mit rotem Kopf unter dem Tisch hervor.

„Weißt du, er ist toll“, schwärmte Sarah.

„Ja, ich weiß. Wir haben großes Glück mit den beiden.“

Die Küchentür ging auf und Marie kam beladen mit zwei großen Einkaufstaschen herein.

„Ihr seid ja schon wieder da“, sagte Marie und stellte die Taschen auf die Arbeitsplatte.

„Wir sind vor ein paar Minuten gekommen“, sagte Sarah.

„Was macht ihr da?“, wollte Marie von den Kindern wissen. Diese waren jedoch noch immer so in ihre Arbeit vertieft, dass sie ihre Umgebung vollständig ausgeblendet hatten.

„Sie malen den Wunschzettel für den Weihnachtsmann“, klärte Dana Marie auf.

„Das ist eine nette Idee“, antwortete Marie und machte sich daran, ihre Einkäufe wegzuräumen.

„Danke, Marie“, sagte Dana unvermittelt.

Marie stockte mitten in der Bewegung.

„Wofür dankst du mir?“, fragte sie verwirrt und legte ihre Stirn in Falten.

„Dafür, dass du dich so um mich gekümmert hast,

als es mir schlecht ging. Und dafür, was du alles für die Jungs tust."

Marie stiegen Tränen in den Augen auf.

„Unsinn, du brauchst mir doch nicht zu danken."

Dana ging zu Marie, nahm ihr die Packung Zucker ab, die diese in den Schrank stellen wollte und nahm sie in den Arm.

„Ich war so mit mir beschäftigt, dass ich die Menschen um mich herum völlig vernachlässigt habe."

„Du bist ein verrücktes Ding", stellte Marie lächelnd fest.

„Das habe ich ihr auch versucht, begreiflich zu machen", sagte nun Sarah.

Marie sah zu Sarah hinüber. Dann löste sie einen Arm von Dana und winkte Sarah herbei. Sarah kam zu den Frauen und alle drei hielten sich in den Armen. Dana wusste, egal, was kommen würde, zusammen würden sie es durchstehen können.

„Fertig!", rief Daniel.

Dana löste sich aus der Umarmung und ging zum Tisch hinüber.

„Lass mal sehen, was du alles gemalt hast", sagte sie und zog sich einen Stuhl heran.

Sarah kam ebenfalls zum Tisch und beugte sich über Dana.

Daniel erklärte mit leuchtenden Augen, was er alles gemalt hatte.

„Ich bin auch fertig!", meinte jetzt auch Simon und legte seinen Stift auf den Tisch.

Die beiden Kinder erklärten eifrig, was sie sich

alles wünschten. Marie bereitete das Abendessen zu und lauschte den Gesprächen am Tisch. Wäre es in drei Tagen noch genauso oder wäre übermorgen alles vorbei? Bob hatte sie zwar beruhigen können, doch nun, da sie wieder zu Hause war, waren alle Ängste wieder präsent. Sie sah die Kinder mit ihren fröhlichen Gesichtchen an, sie sah Sarah, die Daniel liebevoll über die Haare strich, während er erklärte, wie die Polizeistation aussehen musste, die er haben wollte. Simon, der wartete, bis sein Bruder zu Ende erzählt hatte, sah Dana an. Plötzlich fragte er:

„Mama, wie bekommt der Weihnachtsmann unsere Post?"

Die drei Frauen sahen zu Simon. Dana stand auf und ging um den Tisch herum. Sie rutschte zu Simon auf die Bank und zog ihn auf ihren Schoß.

„Nun, wir stecken eure Bilder in einen großen Umschlag und legen ihn zusammen mit einem Glas Milch und ein paar Keksen auf die Terrasse. Der Weihnachtsmann schickt seine Engel aus und die sammeln die Briefe dann ein. Und weil sie dabei hungrig und durstig werden, stellen wir ihnen etwas zur Stärkung hin."

Dana hätte am liebsten geheult. Sie wusste aber, dass sie stark bleiben musste. Es war nur so lange her, seit jemand sie Mama genannt hatte – seit ein Kind sie Mama genannt hatte. Sie hielt Simon fest im Arm und atmete den Duft seines Haars ein.

Julian und Brian kamen zur Tür hereingepoltert. Julian zog eine Augenbraue hoch, als er die Frauen sah, die alle drei einen Eindruck vermittelten, als hätten sie ein Gespenst gesehen. Auch Brian verlangsamte seinen Schritt und blickte sich unschlüssig im Raum um.

„Was macht ihr?“, fragte Julian und ging zu Daniel, der ihm sofort seinen Wunschzettel erklärte. Auch Simon fing nun an, aufgeregt zu plappern.

Nach ein paar Minuten unterbrach Sarah die Kinder. „Was haltet ihr davon, wenn wir uns die Hände waschen und dann zu Abend essen. Dann bereiten wir die Sachen für den Weihnachtsmann vor, einverstanden?“

Aufgeregt sprangen die Kinder auf und rannten hinter Sarah aus der Küche hinaus.

Dana sah Marie an, diese lächelte schwach und wandte sich dem Abendessen zu.

„Wollt ihr uns sagen, was hier los ist?“, fragte Julian.

„Simon hat mich Mama genannt. Es ist ihm herausgerutscht. Er hat es selbst gar nicht bemerkt. Er war so begeistert von seinem Wunschzettel. Es ist bedeutungslos, das ist mir klar.“

Julian war zu Dana gelaufen und hatte sich neben sie auf die Bank gesetzt. Er konnte förmlich spüren, wie es in Dana arbeitete. Es war ihm klar, dass sie die Sache zu verharmlosen versuchte. Es war nicht ihre Art, ohne Punkt und Komma zu reden. Er zog sie in seine Arme und streichelte ihr über die Wange.

„Ich gehe nach den Kindern sehen“, sagte Brian leise und verließ die Küche. Im Bad traf er auf

Sarah und die Kinder.

„Hallo, meine Schöne“, begrüßte er Sarah und küsste sie leidenschaftlich. „Ich hoffe, du hast mich ordentlich vermisst“, wollte er zwischen zwei Küssen wissen.

„Ich habe dich vermisst!“, rief Simon.

„Und ich auch!“, stimmte Daniel mit ein.

„Also, dann habe ich dich auch vermisst“, meinte Sarah schulterzuckend.

Brian setzte sich auf den Rand der Badewanne und nahm die Kinder in seine Arme. Beide drückten ihm einen nassen Kuss auf die Wange.

Lachend schlug er vor: „Wollen wir sehen, ob Marie mit dem Essen fertig ist?“

Die Kinder rannten durch die Halle in Richtung Küche.

„Hat Dana es erzählt?“, wollte Sarah wissen.

„Ja. Das macht alles noch schwerer. Ich weiß nicht, was ich sagen soll“, meinte Brian.

„Geht mir genauso“, antwortete Sarah und ging langsam neben Brian hinter den Kindern her.

Als sie in die Küche kamen, saßen die Kinder bereits am Tisch. Julian räumte ihre Malsachen beiseite, während Dana das Geschirr und Besteck richtete. Marie füllte das Essen in Schüsseln und stellte alles auf den Tisch.

Das Essen war köstlich wie immer, die Kinder aßen mit großem Appetit, während die Erwachsenen lediglich in ihren Tellern herumstocherten. Schließlich waren alle froh, aufstehen zu können.

Simon und Daniel steckten ihre Bilder in einen Umschlag. Dann holten sie die Milch und die Kekse und stellten alles zur Küchentür hinaus auf die Terrasse.

30.

Dana überprüfte zum zigsten Mal, ob Julians I-Phone Empfang hatte. Es lag auf dem Esstisch. Marie war mit den Kindern in den Whirlpool gegangen. Julian und Brian hatten sich den Tag freigenommen. Sarah trommelte nervös mit den Fingern auf der Tischplatte. Alle saßen da und warteten auf den Anruf des Anwalts, der ihnen das Ergebnis der Entscheidung mitteilen sollte.

Sarah schüttelte ihre Uhr. Die Zeiger schienen sich überhaupt nicht bewegen zu wollen. Als es an der Tür klingelte, sprangen alle gleichzeitig auf.

„Es ist Detective Avery“, sagte Brian, der zuerst an der Sprechanlage war, „Ich öffne ihm die Haustür.“

Die anderen setzten sich wieder an den Tisch. Kurze Zeit später kam Brian zurück in die Küche, er war allein. Sarah sah ihn fragend an.

„Er weiß nichts neues, er wollte zu Mutter. Ich habe ihm den Weg gezeigt.“

Sarah nickte und Brian setzte sich wieder neben sie. Keiner sprach ein Wort.

Erneut nahm Dana das Handy in die Hand. Als es plötzlich zu vibrieren begann, ließ sie es vor Schreck fallen. Julian nahm es vom Tisch auf und nahm den Anruf entgegen. Er lauschte dem

Anrufer. Dann sagte er: „Danke“, und trennte die Verbindung.

Alle sahen ihn gespannt an.

„Das war der Anwalt“, sagte er schließlich.

Dana spürte, wie sich ein Nebel in ihrem Kopf ausbreitete. Sie hörte alles nur noch gedämpft.

„Sie haben sich entschieden“, fuhr Julian fort. Er sah Dana an und bemerkte, wie blass sie geworden war. Er zog sie in seine Arme.

„Liebes, die Kinder dürfen bei uns bleiben. Alles ist gut.“

Brian und Sarah stießen ihren Atem aus, von dem sie gar nicht bemerkt hatten, dass sie ihn angehalten hatten.

Julians Worte durchdrangen den Nebel in Danas Kopf wie in Zeitlupe. Sie sah Julian an. Stellte fest, wie unglaublich blau seine Augen waren. Verliere ich jetzt den Verstand? fragte sie sich.

„Was?“, fragte sie kaum hörbar.

„Die Kinder bleiben bei uns. Sie haben entschieden, dass die Jungs bei uns bleiben.“

Danas Augen füllten sich mit Tränen. Konnte das stimmen? War das wahr, was Julian da sagte? Wollte er sie nur beruhigen? Unsinn, sagte sie sich und schüttelte den Gedanken ab.

„Für immer?“, fragte sie vorsichtig.

„Für immer.“

Julian strich Dana eine ihrer widerspenstigen Locken aus dem Gesicht. Er strich mit seinen Daumen über ihre Wangen.

„Jetzt sind es unsere Jungs“, flüsterte er ihr zu.

Unter Tränen nickte Dana.

„Wir müssen es Mutter sagen“, sagte Brian und stand auf. Er zog Sarah hinter sich her.

Als sie aus der Küche hinaus waren, blieb er stehen und nahm Sarah in die Arme. So blieben sie minutenlang stehen.

„Ich weiß nicht, was aus ihr geworden wäre, wäre die Entscheidung anders ausgefallen“, sagte Brian leise.

„Es wäre für uns alle eine schlimme Zeit geworden. Die Kinder machen es einem leicht, sich an sie zu gewöhnen“, meinte Sarah.

„Ja, es sind großartige Kinder.“

„Sie wachsen in einer großartigen Umgebung auf. Sie hatten wunderbare Eltern und hier sind so viele Menschen, die sie lieben“, stimmte Sarah Brian zu.

Brian hob Sarahs Kinn und küsste sie lange und zärtlich. Er strich ihr über den Rücken und hielt sie dann wieder fest an sich gepresst.

„Ich liebe dich“, flüsterte er während seine Lippen an ihren waren.

Sarahs Gedanken überschlugen sich. Noch nie hatte er diese Worte gesagt. Hatte überhaupt jemand diese Worte zu ihr gesagt. Sie spürte wie ihr Magen Purzelbäume schlug und gleichzeitig eine Hitze in ihr entfachte.

Vorsichtig löste sie sich von ihm und sah ihn an. Sah diese faszinierenden blauen Augen, sah die verstrubbelten Haare, obwohl es noch recht früh am Vormittag war. Sah das Grübchen an seinem Kinn, die markanten Wangenknochen. Konnte es sein, dass dieser Mann sie wirklich liebte? Oder war es die Situation, die ihn diese Worte sagen ließen.

„Habe ich etwas Falsches gesagt?", fragte er vorsichtig.

„Ich habe diese Worte noch nie zuvor gehört", antwortete sie leise.

Brian senkte seinen Kopf erneut bis sich ihre Lippen trafen. Dann löste er sich ein wenig von ihr.

„Ich liebe dich, gewöhn dich besser daran", murmelte er und vertiefte den Kuss wieder.

Sarah schob ihn sachte von sich. „Wir müssen zu deiner Mutter."

„Du hast recht."

In diesem Moment flog die Küchentür auf und Dana kam herausgestürmt. Sie riss die Tür zur Gästetoilette auf und rannte hinein. Dann kam auch schon Julian aus der Küche gerannt. Im selben Moment hörten sie Dana, die sich wieder übergeben musste. Julian schloss die Toilettentür hinter sich. Sie hörten ihn gedämpft mit Dana sprechen.

„Ich glaube, wir können hier nicht helfen", stellte Brian fest.

Sarah blieb noch einen Moment unschlüssig stehen. Sie hatte gedacht, dass es Dana wieder besser ginge, obwohl ihr natürlich aufgefallen war, dass sie noch immer sehr blass war und ständig an einer Teetasse nippte.

Als Brian leicht an ihrer Hand zog, wandte sie den Blick von der geschlossenen Tür ab und folgte ihm in den Fitness-Bereich.

31.

Julian drückte erneut die Spülung und sagte besorgt: „Dana, es wäre mir wirklich wohler, du würdest endlich zu einem Arzt gehen."

Dana nickte nur, sie wurde erneut von einer Welle der Übelkeit überrollt. Wieder hielt Julian ihr das Haar zur Seite und drückte die Spülung.

„Wenn dir wohler ist, kann ich dich begleiten. Oder Sarah, wenn du lieber eine Freundin dabei hättest", sagte Julian weiter. Er fühlte sich so hilflos.

Dana hatte keine Kraft zu widersprechen. Vielleicht hatten auch alle recht. Wahrscheinlich brauchte sie doch Medikamente um diesem Virus Herr zu werden. Sie fühlte sich zunehmend schwächer. Erneut übermannte sie die Übelkeit. Dann wurde ihr schwarz vor Augen und sie spürte nur noch, wie sie zu Boden rutschte.

Dana versuchte, gegen den Nebel in ihrem Kopf anzukämpfen. Sie versuchte, ihre Augen zu öffnen. Aber wie sehr sie sich auch anstrengte, es wollte ihr nicht gelingen. Sie spürte, wie sie erneut wegdriftete.

Dann drangen Stimmen zu ihr durch. Dana konnte jedoch nicht verstehen, was sie sagten. Sie versuchte mit aller Kraft, den Nebel aus ihrem Kopf zu verdrängen.

„... kommt zu sich ...“

„... sofort da ...“

Wer redete da? Wo war sie? Warum konnte sie ihre Augen nicht öffnen? Okay, jetzt konzentrier dich auf deine Augen, befahl sich Dana. Langsam öffnete sie ihre Lider. Sie wurde jedoch sofort von gleisendem Licht geblendet.

„... Dana ...“

Dana wollte, dass jemand das helle Licht ausmachte, konnte jedoch nicht sprechen.

„... jetzt da ...“

„... dehydriert...“

Sie hörte eine unbekannte Stimme. Dann spürte sie etwas Kaltes an ihrem Arm und dann einen Stich. Sie wollte sich beschweren, wer tat ihr denn da weh? Doch dann spürte sie, wie ihr Körper von einer neuen Kraft erfüllt wurde. Endlich konnte sie ihre Augen öffnen. Dankbar, dass jemand das helle Licht ausgemacht hatte, sah sie sich im Raum um. Neben ihr stand ein Mann, den sie noch nie zuvor gesehen hatte. Er machte einen sympathischen Eindruck.

„Guten Tag, Mrs Dillon, ich bin Dr. Smith. Ich werde versuchen, sie wieder auf die Beine zu bekommen.“

Dana versuchte zu lächeln. Sie wollte etwas sagen, merkte dann aber, dass sie keine Worte formen konnte. Es war, als wäre ihre Zunge im Mund festgeklebt.

„Sie haben sehr viel Flüssigkeit verloren. Ich habe

ihnen eine Infusion gelegt. Damit müsste es ihnen schnell wieder besser gehen."

Dann sah Dana Julian, der hinter dem Arzt stand. Sie sah sich im Zimmer um und stellte fest, dass sie im Wohnzimmer auf dem Sofa lag. Was war geschehen? Warum war sie überhaupt hier? Dann fiel ihr wieder ein, dass ihr wieder schlecht geworden war. Sehr schlecht sogar.

„... Kinder ...?"

„Die Kinder sind noch mit Marie und Detective Avery beim Schwimmen, alles ist gut, versuch dich zu entspannen", antwortete Julian.

„Seit wann haben Sie diese Übelkeit?", wollte Dr. Smith wissen.

Dana versuchte ihre Lippen zu befeuchten. Brian reichte ihr ein Glas mit Wasser, dankbar nippte sie daran.

„Ich weiß nicht genau, vielleicht drei Wochen", antwortete sie mit schwacher Stimme.

„Das ist sehr lange. Ich würde Sie gerne in meiner Praxis sehen. Es wäre sinnvoll, ihr Blut untersuchen zu lassen. Wir müssen herausfinden, was die Übelkeit verursacht, bevor wir Sie medikamentös behandeln können. Die Infusion läuft noch ein paar Minuten. Sie werden sehen, dass Sie sich dann schon wieder viel kräftiger fühlen werden. Am besten bleiben Sie noch eine Weile liegen und kommen dann in die Praxis."

Kurze Zeit später entfernte der Arzt die Infusion und verabschiedete sich.

32.

Zwei Stunden später ließ sich Dana von Sarah in die Arztpraxis fahren. Nach einem Anruf von Ruth war der freie Tag unterbrochen worden, Julian und Brian mussten ins Büro fahren, da es ein Problem mit einem Kunden gab. Allerdings hatte Julian den Frauen das Versprechen abgenommen, ihn sofort zu informieren, sobald der Arzt wusste, was Dana fehlte. Sie hatten beschlossen, mit den Kindern erst am Abend zu sprechen, sofern es Dana bis dahin besser ging.

Dana betrat zusammen mit Sarah die Arztpraxis. Sie wurden sofort in den Behandlungsraum weitergeschickt. Dana hatte Sarah zuvor gebeten, alleine mit dem Arzt reden zu können. Egal, wie die Diagnose ausfiel, sie wollte sie alleine hören.

Nachdem Dana sich in einen Stuhl gesetzt hatte und der Arzt hereingekommen war, verließ Sarah das Behandlungszimmer. Sie nahm sich eine Zeitschrift und machte es sich im Wartezimmer bequem. Es dauerte fast eine Stunde, bis Dana aus dem Behandlungszimmer kam.

Sarah kam ihr entgegen. Sie fasste ihre Freundin am Arm. Dana sah sehr schlecht aus.

„Dana, was sagt der Arzt“, fragte sie Dana besorgt.

„Ich würde gerne zuerst mit Julian sprechen.

Unten im Haus ist eine Apotheke. Ich würde dort gerne vorbei und ein Medikament kaufen und dann zu Julian."

„Natürlich", Sarah versuchte, ruhig zu bleiben. „Wird alles wieder gut?", fragte sie vorsichtig.

Dana sah ihre Freundin an. Schlagartig wurde ihr bewusst, wie besorgt Sarah war. Warum entging ihr in der letzten Zeit, wie sich die Menschen in ihrem Umfeld um sie sorgten?

„Ja, der Arzt meint, dass das Medikament gut wirkt."

Erleichtert nickte Sarah und hakte Dana unter. Mit dem Fahrstuhl fuhren sie ins Erdgeschoss und gingen in die Apotheke. Dann fuhr Sarah Dana zum Büro.

In der Tiefgarage wies ihnen derselbe Pförtner wie bei Danas erstem Besuch den Parkplatz zu. Es war für Sarah das erste Mal, dass sie Brian im Büro besuchte. Sie stieg mit Dana in den Aufzug und bestaunte die elegante Kabine.

In der obersten Etage glitten die Türen auf und Dana stand mit Sarah gegenüber dem Wegweiser. Mit ehrfurchtsvoller Stimme las Sarah: „B. McMillan, General Counsel. Wow, das ist mein Brian."

Lächelnd sah Dana zu ihr hinüber.

„Ich bekomme auch jedes Mal eine Gänsehaut, wenn ich hier stehe und Julians Namen lese."

Sie starrten noch eine Weile auf das Schild, dann gingen sie den langen Flur entlang, bogen an dessen Ende rechts ab und gingen durch die

Milchglastür zu Maggies Arbeitsplatz. Diesmal erkannte Maggie Dana sofort.

„Mrs Dillon und Ms Jakes, habe ich recht?", fragte sie und schaute zu Sarah.

Sarah war derart verblüfft, dass sie nur nicken konnte.

„Ich werde Ruth verständigen, dass sie Sie abholt", fuhr Maggie geschäftig fort.

„Das ist nicht nötig, Maggie, wir finden den Weg", warf Dana ein.

„Wie Sie meinen. Verzeihen Sie mir die Bemerkung, aber Sie sehen nicht sehr gut aus. Geht es Ihnen schlecht?", fragte Maggie.

„Ja, aber es ist nichts schlimmes, meint der Arzt", antwortete Dana.

Sie verabschiedeten sich und gingen weiter, bis sie zu Ruths Schreibtisch kamen. Diese hob ihren Kopf und sah die beiden Frauen. Vergnügt sprang sie auf.

„Dana, ich freue mich, dich mal wieder hier zu sehen. Und noch mehr freue ich mich, dass die Jungs bei euch bleiben dürfen. Das ist eine so tolle Nachricht. Aber dir geht es noch nicht besser, du siehst sehr schlecht aus. Verzeihung, Julian hat mir gesagt, dass du krank bist."

„Schon in Ordnung. Es geht schon wieder besser. Wir freuen uns alle unbeschreiblich, dass die Entscheidung gefallen ist."

Ruth schaute noch einen Moment in Danas Gesicht, dann nickte sie und wandte sich zu Sarah.

„Und Sie müssen Ms Jakes sein. Es freut mich,

Sie hier begrüßen zu dürfen."

Sarah streckte Ruth die Hand hin, wie es Wochen zuvor Dana getan hatte. Entzückt nahm Ruth Sarahs Hand in ihre und schüttelte sie.

„Ich werde den beiden kurz Bescheid geben, dass sie Besuch haben", sagte Ruth dann und ging wieder um ihren Schreibtisch herum. Sie nahm den Hörer ab und drückte die oberste Taste am Telefon. Dana hörte leise Julians Stimme *„Was gibt es, Ruth?"*.

„Ihre Frau ist hier", antwortete Ruth.

Dana hörte, wie der Hörer aufgelegt wurde und fast im gleichen Moment öffnete Julian die Tür seines Büros. Er nickte Sarah kurz zu, nahm dann Dana in seinen Arm und sagte zu Ruth: „Keine Anrufe." Dann schloss er hinter sich die Bürotür.

„So, nun zu Ihnen", meinte Ruth, drückte die zweite Taste des Telefons und wartete, bis Brian sich meldete.

„Ms. Jakes ist hier", sagte Ruth, nachdem Brian sich gemeldet hatte.

Auch Brian öffnete seine Bürotür, noch bevor Ruth den Hörer recht aufgelegt hatte. Er küsste Sarah ohne dabei an Ruth zu denken. Als er sich von Sarah gelöst hatte und in Richtung Ruth blickte, sagte diese: „Schon klar, keine Anrufe."

Grinsend zog Brian Sarah in sein Büro.

„Was sagt der Doktor?", fragte Julian und setzte sich neben Dana auf das Sofa.

„Er meint, dass alles in Ordnung sei."

„Alles in Ordnung? Wir werden eine zweite Meinung einholen. Ich halte viel von Dr. Smith, aber ich glaube hier irrt er sich“, Julian raufte sich die Haare. Wie konnte Dr. Smith sagen, dass alles in Ordnung wäre, wenn seine Frau in derart schlechter Verfassung war? Sah er denn nicht, wie schlecht sie aussah?

„Er hat mir etwas gegen die Übelkeit verschrieben, meinte aber, dass sie von alleine weggehen würde.“

„Von alleine? Dana, du bist jetzt seit drei Wochen krank, wie lange soll das so noch weitergehen?“ Julian verstand die Welt nicht mehr. Dana musste doch einsehen, dass es so nicht weitergehen konnte!

„Er meinte, ein paar Wochen werde ich noch durchstehen müssen.“

„Ein paar Wochen? Dana …“

„Julian“, unterbrach Dana, „wir bekommen ein Baby.“

Für einen Moment war alles still.

„Was?“, Julian sah Dana fassungslos an.

Dana wurde unsicher. Plötzlich bemerkte sie, dass sie gar nicht darüber nachgedacht hatte, wie Julian die Nachricht aufnehmen könnte. Immerhin hatte er nur wenige Stunden zuvor zwei Kinder adoptiert. Jetzt würde noch ein drittes kommen, vielleicht würde ihm das zu viel sein? Zudem war sie sich selbst ihrer eigenen Gefühle noch gar nicht sicher.

„Ich … ich bekomme ein Baby“, flüsterte sie

unsicher.

Plötzlich zog Julian sie vom Sofa hoch und schwang sie durch sein Büro.

„Ich werde Vater!“, rief er vor Begeisterung. Er küsste Dana, bis ihr fast wieder schwindelig wurde. Dann, völlig unvermittelt, beendete er den Kuss und starrte sie an.

„Entschuldige, entschuldige. Ich ... lass mich dich zum Sofa bringen. Wie geht es dir? Ich hätte dich nicht umherwirbeln dürfen.“

„Unsinn, es ist alles bestens“, sagte Dana und fügte vorsichtig hinzu, „freust du dich?“

„Ob ich mich freue? Dana nach dem Anruf heute Morgen dachte ich nicht, dass es für mich jemals etwas Schöneres zu hören gäbe, bis gerade eben. Du machst mich zum glücklichsten Mann auf dieser Welt.“

Julian strahlte bis über beide Ohren. Dana fand, dass er nie besser ausgesehen hatte. Sein schwarzes Haar glänzte, seine blauen Augen strahlten. In diesem Moment verliebte sie sich erneut in ihren Ehemann.

„Du wartest hier kurz“, sagte Julian plötzlich zu Dana und stand auf. Er ging zu Ruth, drückte ihr einen Kuss auf den Mund und sagte: „Ich werde Vater!“ Dann ging er, ohne zu klopfen in Brians Büro. Brian und Sarah fuhren auseinander.

„He, Kumpel, kannst du nicht klopfen?“, fragte Brian etwas irritiert.

„He, Kumpel, ich werde Vater!“, antwortete Julian mit unverhohlenem Stolz in der Stimme.

Brian löste sich von Sarah und ging zu seinem Freund. Er drückte ihn kurz an sich und klopfte ihm dann auf die Schulter.

„Das hast du gut hingekriegt. Gratuliere."

Sarah schloss sich den Glückwünschen an.

„Und jetzt entschuldigt mich, ich muss mich um meine Frau kümmern." Damit verließ er das Büro, lief an der immer noch sprachlosen Ruth vorbei und ging wieder zu seiner Frau.

3175799R00180

Printed in Germany
by Amazon Distribution
GmbH, Leipzig